LAS REDES DEL ODIO

MARCOS AGUINIS

LAS REDES DEL ODIO

Recursos para
desactivar la violencia

 Planeta

Aguinis, Marcos
    Las redes del odio.- 1ª ed. – Buenos Aires : Planeta, 2003.
    224 p. ; 23x15 cm.

    ISBN 950-49-1130-7

    1. Narrativa Argentina I. Título
    CDD A863

Diseño de cubierta: Peter Tjebbes
Diseño de interior: Orestes Pantelides

© 2003, Marcos Aguinis

Derechos exclusivos de edición en castellano
reservados para todo el mundo:
© 2003 Grupo Editorial Planeta S.A.I.C.
Independencia 1668, C1100ABQ, Buenos Aires

1ª edición: 16.000 ejemplares

ISBN 950-49-1130-7

Impreso en Grafinor S. A.,
Lamadrid 1576, Villa Ballester,
en el mes de octubre de 2003.

Hecho el depósito que prevé la ley 11.723
Impreso en la Argentina

Prólogo

En el antiguo Egipto se expandió una leyenda sobre el desenfreno del odio.

Dicen los jeroglíficos que cuando el poderoso Ra, señor de los dioses y de los hombres, se sintió viejo y fatigado, engalanó su cuerpo con oro, plata y lapislázuli. Las piedras y metales preciosos ya entonces fascinaban por doquier, y se les atribuían virtudes que iban más allá de su relumbre. Reconfortado, Ra paseaba sus remozados colores por los dominios que gobernaba desde un tiempo inmemorial. No obstante, los hombres que habitaban el valle del Nilo y los desiertos colindantes ya se habían aburrido de su presencia; y no los conmovía ni el oro ni la plata ni el lapislázuli sobre un cuerpo tan senil. Hasta llegaron a ignorar la presencia del soberbio Ra. Esto preocupó al dios que, para no dejarse arrastrar por la cólera, convocó a un consejo. Acudieron en tropel los asesores divinos y demostraron que no eran más lerdos que los hombres para inclinarse ante quien tenía el máximo poder. Criticaron la indiferencia de los humanos, enfermos de ingratitud y, uno tras otro, coincidieron en la necesidad de tomar represalias.

Después de evaluar las propuestas, que chorreaban vitriolo, Ra se decidió por una matanza inolvidable. Los sobrevivientes se aterrorizarían al ver a las personas queridas transformadas en cadáveres y volverían a admirarlo. Se dirigió a una diosa de probada crueldad para que realizase la tarea. Athor-Sejmet aceptó feliz, y de inmediato puso manos a la obra.

Desde su trono de marfil, Ra observó cómo Athor-Sejmet asesinaba a sus criaturas, una tras otra, en alucinante torbellino. Los campos y las zanjas se llenaban de muertos mientras algunos heridos huían pese a que habían sufrido la amputación de manos o la mutilación de genitales. Al cabo de unos días, grandes charcos de sangre anegaron el país y Ra consideró suficiente el castigo. Ordenó a Athor-Sejmet que detuviese su acción.

Pero ocurrió algo inesperado: la diosa estaba tan cebada que no podía escucharlo y su furia asesina era cada vez más frenética. Con gritos cósmicos Ra insistió en su orden; era urgente detener la horrible matanza. Fue inútil. Entonces se dio cuenta de que la tormenta no acabaría hasta que la diosa hubiese exterminado al último sobreviviente del género humano. Los humanos eran su obra, sin embargo —reflexionó afligido—, lo mejor de su obra. Tenía que proceder de otra manera.

Ideó un ardid que superase la sordera de Athor-Sejmet. Durante la noche derramó por el mundo una bebida fermentada de color rojo. La diosa la confundiría con la sangre que excitaba sus sentidos. La estratagema, aunque simple, resultó exitosa: después de unas horas, la diosa ya no conseguía distinguir un hombre de una piedra.

Su pasión varió el rumbo y de ese modo pudo salvarse la humanidad.

La moraleja es diáfana. Para sembrar la muerte bastó una sugerencia del vanidoso Ra. Para detenerla no alcanzaron sus gritos ni su desesperación ni su recobrada sensatez. Tampoco logró detener el desenfreno con un truco, sino apenas cambiarlo de objetivo.

No obstante, la leyenda tiene su cuota de esperanza. Siempre se puede hacer algo positivo contra la insensatez del odio. Por horrible que sea la tragedia, por feroces que sean las desventuras, hay caminos de cambio y reparación. Es preciso reconocer y asumir su existencia, jugarse por ellos, gritar e inventar nuevos recursos. La diosa Athor-Sejmet habita en el nihilismo y en la complacencia destructiva que se instalan incluso en seres de noble conciencia. Es un deber ponerle pecho al infortunio que suscita, denunciar su total desprecio por la vida, el amor y el bienestar, y asumir que, con menos odio, el universo puede ser mejor. Mucho mejor.

Y para que haya menos odio cada ser humano, por insignificante que se considere, ha de saber que tiene obligaciones para con el prójimo. Lo ilustro con una breve historia.

En un frío domingo un cura y un campesino llegaron juntos a la solitaria capilla. El sacerdote, advertido sobre la ausencia de feligreses, dijo: "Creo que no vale la pena celebrar la misa". Entonces el zaparrastroso campesino replicó: "Cuando mi única vaca se me arrima en el tiempo de darle comida, yo se la doy".

Uno

1. La violencia

¿Tiene la destrucción un firme asiento en el alma? Parece que sí, aunque nos duela aceptarlo. Procede de los instintos agresivos, que usan al odio, manifiesto o disimulado, como su mejor excusa. Los informes de la experiencia y de las obras de ficción —que disecan nuestros fantasmas— dan cuenta de su presencia y de su poder. Tanto la psicología como la antropología acumularon pruebas: en el hombre habitan pulsiones destructivas tan intensas que incluso pueden superar a las de otros seres vivos. El hombre puede ser más cruel que los lobos. Ahora somos capaces no sólo de poner en riesgo la especie, sino el mismo planeta. Los arsenales atómicos acumulados en diversos países podrían hacer estallar cien veces la Tierra y convertirla en un polvo intrascendente, disperso sin excusas ni memoria entre las galaxias asombradas. Durante la Guerra Fría existía una polarización de fuerzas que mantenía la estabilidad, y había incluso códigos entre las superpotencias para evitar que un error terminase en catástrofe.

Pero ahora que esas armas pueden caer en manos de grupos místicos asesinos que esperan ser premiados en la otra vida por exterminar la existente, se ha instalado un riesgo sin parangón. Los impulsos homicidas existen. Su control o sublimación constituye un desafío en el que se deben poner las mejores energías del hombre. La parte cuerda de la humanidad no puede perder tiempo ni confundir el origen del peor peligro.

Contra el impulso destructivo gravita el vital, claro. Es el que intenta balancearlo. Este impulso vital, apegado a la existencia, desarrolla una labor de cíclopes para frenar a su enemigo permanente. Actúa como el equipo de bomberos que combate los incendios desatados por la violencia: a veces parece lento, torpe y hasta patético; otras brinda una extraordinaria ejemplaridad. El impulso vital prevalece en aquellos que sienten y brindan amor, que transitan la existencia con más armonías que disonancias, o que se esmeran para que sea así.

Es lamentable que las iniciativas sean en general disparadas primero desde el aspecto destructivo, tanático. Históricamente, al principio se mató, luego vino el mandamiento de "No matarás"; se violaron los derechos humanos y luego nacieron las organizaciones que se aplican a defenderlos. Tomemos el caso de las guerras mundiales, cuya cercanía no nos permite ignorar su montaña alucinante de horror. Sin embargo, esa maldad ha generado beneficios en el campo de la medicina, los transportes, la física, las comunicaciones, las leyes, incluso la energía nuclear, que primero se utilizó para bombardear Hiroshima y Nagasaki y luego se encaminó hacia fines industriales y terapéuticos. Recuerdo que mientras estudiaba medicina y me enteraba de algunos progresos obtenidos por causa de esas catástrofes, sentía vergüenza. Era como aprovechar algo mal habido. Me resistía a reconocer que esos descubrimientos podían deberse a algo tan perverso como una conflagración. Tendía a pensar que el bien y el mal no marchan juntos, no se tocan siquiera. Pero estaba equivocado: a menudo se mezclan y logran confundir al más pintado. Lo grave es que la comedia de equívocos que desatan tironea casi siempre hacia los finales trágicos. Sólo hablar del bien y el mal ya es peligroso, porque el pensamiento suele deslizarse hacia las versiones maniqueístas, dogmáticas. Tantas veces se desea servir al bien haciendo mal, tantas veces se hace mal y ayuda al bien. Tiemblo al escribir estas líneas resbalosas. "Pero no creer en el Diablo o lo que representa —dijo el agnóstico André Gide— es darle todas las oportunidades."

Sigmund Freud modificó su primera teoría de los instintos al no poder esquivar la evidencia del binomio Eros-Tánatos. No le fue fácil dar tan riesgoso paso, pero lo hizo en una serie de publicaciones con variados argumentos. En síntesis, afirmó que las pulsiones humanas pueden reunirse en dos clases: aquellas que quieren conservar y reunir —las llamó "eróticas" en el sentido que tiene Eros en *El banquete* de Platón— y aquellas que quieren destruir y matar. Eros une y estimula la vida, Tánatos desune y favorece la muerte. Esa oposición conceptualiza en otros niveles el conocido antagonismo entre amor y odio. Sería algo análogo a la polaridad física entre atracción y repulsión. Cada una de estas pulsiones es indispensable, porque de las acciones conjugadas y contrarias de ambas nacen los fenómenos de la vida. Parece que nunca una pulsión perteneciente a una de estas dos clases puede actuar en forma solitaria, con total asepsia: siempre la contamina un monto de la opuesta que a veces modifica su meta final y otras, paradójicamente, contribuye a que la alcance. La pulsión de autoconservación, por ejemplo, que es de naturaleza erótica, necesita de cierta agresión para conseguir su propósito (el masticar es agresivo). De igual modo, la pulsión de amor también requiere un complemento diferente —la pulsión de apoderamiento— si es que ha de conseguir su objeto. Durante mucho tiempo, la dificultad de aislar ambas variedades hizo que fuese complicado discernirlas.

No se puede negar, entonces, que en el ser humano anida el placer de agredir y destruir, y que a menudo este placer recurre a pulsiones eróticas para su satisfacción. Muchas veces, cuando nos enteramos de los hechos crueles de la historia, se tiene la impresión de que sólo sirvieron de pretexto para las apetencias destructivas. Aunque nos resulte antipático reconocerlo, el afán de destrucción trabaja sin cesar en todo ser vivo y se afana por producir su descomposición, por reducir la vida al estado de materia inanimada.

Los seres humanos se vienen asesinando desde las brumas prehistóricas. La Biblia narra el primer fratricidio en el amanecer de la especie, convertido de inmediato en símbolo de los que vendrían después. Implicó de manera tácita también un parricidio: la rebelión de Caín siguió al odio que le produjo advertir que Dios prefería a su hermano Abel. Dios, el padre, fue aborrecido por dar un privilegio injusto a uno de sus hijos, pero ni Caín ni nadie en el futuro se atrevió a reconocerlo. Hasta el día de hoy nos encontramos con hermanos que se odian, y que acusan al otro de tener privilegios indebidos, pero en realidad la culpa no la tiene el hermano favorecido, sino los padres que faltaron a la ecuanimidad (o la percepción distorsionada del hijo-víctima). Parricidios, fratricidios y filicidios son un lugar común del devenir. La supervivencia de la especie fue un triple milagro: haber vencido la hostilidad de la naturaleza, haber superado las debilidades físicas y haber fallado los seres humanos —esto es lo más notable— en su ansia de exterminarse unos a otros.

¿Proporciona beneficios la posición desventajosa de Eros?

Es una buena pregunta.

Sí, considero que la desventaja le proporciona a Eros un gran beneficio. Forzó al hombre a desarrollar la cultura. Gracias a su posición frágil, Eros convirtió su aventura en epopeya. Los seres humanos hubiéramos carecido de méritos si en nuestro interior no habitase el salvaje violento que necesitamos combatir. Tánatos es un insaciable monstruo que nos obliga a mantener alerta, siempre activo, nuestro impuso vital. Inclusive para transformar las sanguinarias tentaciones en actividades socialmente válidas como el arte, el deporte, la investigación, la filosofía.

A lo largo de este libro recorreremos el electrizado dédalo del odio. Miraremos su facetas como a un poliedro lleno de trampas. Por eso recorreremos manantiales y eferentes vinculados con su energía. Averiguaremos qué es la venganza, describiremos la tirria fraternal, exploraremos el misterioso y universal poder del sacrificio, haremos una breve parada en la estación de los genocidas, pondremos insolente luz en las tinieblas de odio que generan los integrismos, trataremos de entender las guerras, disecaremos el corazón del antisemitismo, que es el modelo más antiguo y arraigado de odio contra un grupo humano. Por fin, nos referiremos a los antídotos, que no podrán entenderse sin los sacudones que nos producirá el accidentado viaje.

2. La violencia como regresión

La marcha evolutiva de las hordas primordiales multiplicó la diversidad de las tensiones, cosa que sigue rigiendo hasta el presente. Desde sus inicios en la prehistoria la vida no cesa de tornarse más complicada, rica y desafiante. Siempre. Pero junto al progreso fermenta el miedo al cambio, y el miedo suele apelar al disponible recurso de la violencia. No olvidemos que la violencia tiende a borrar los matices que genera la diferenciación y logra cancelar los productos de la esforzada marcha evolutiva. Tironea hacia el retroceso, la uniformación, la etapa primitiva de los simios.

Nada se parece más a un hombre enfurecido que otro hombre enfurecido. Cualquiera sea el tiempo o lugar, los hombres enfurecidos comparten los rasgos del salvaje que fue su común antepasado. Las maravillas individuales, arduamente construidas en el curso de las generaciones, se diluyen cuando brama la cólera. Un soplo brutal derrrumba en segundos los frisos y las columnas hermosas de la civilización.

El río de la violencia suele despreciar los angostos límites y los tiempos breves. Llega a mantenerse hasta varias décadas después de haber cesado la causa que lo desencadenó. Puede continuar incluso luego de haberse enterrado y olvidado esa causa, gracias a un servomecanismo irrefrenable. Su voracidad destructiva, una vez estallada, no se sacia fácilmente. Cualquiera sabe que resulta más fácil generarla que satisfacerla. Renace de las cenizas al menor estímulo. Tiene la energía, los delirios y la perversidad de la diosa Athor-Sejmet.

La violencia no es racional, aunque se esgriman justificativos para dejarla salirse con la suya. A menudo se la encubre con razones macizas. Al ser humano nunca le faltan argumentos para explicar lo inexplicable. No olvidemos la maravilla de los sofistas embaucadores.

Tenga razón o nos maree con sus racionalizaciones, lo cierto es que la violencia late en nuestra cabeza y en nuestros músculos. Todo el tiempo. Respira como un tigre agazapado, listo para saltar sobre su víctima. La violencia necesita efectuar descargas. Y aunque sea injusta o absurda, brinda una satisfacción pulsional a quien la practica.

Vale la pena recordar que el odio y la violencia juegan tres roles: son objeto, sujeto e instrumento. Resulta más fácil comprender su rol de instrumento, es claro, porque se dedican a satisfacer las demandas de otro factor, llámese cólera o indignación o justa aplicación de una penalidad. Pero son también objeto, porque se apunta contra el odio y la violencia para combatirlos y evitar sus efectos devastadores; también a esto lo podemos entender con facilidad. Por último, ambos son sujeto. ¿Qué quiere decir? Que el odio y la violencia asumen un protagonismo cardinal en la conducta de los hombres y obligan a que todo caiga a sus pies.

Además, gozan de un mágico poder para producir contagio. Una vez desencadenados, se expanden como epidemia. A continuación veremos cómo logran subir hasta el nivel del vértigo, una característica que no tenemos permiso de ignorar.

3. El placer de la venganza

La agresividad ha generado el mecanismo de la *vengan-za sin fin*, un invento espectacular del odio. Desde nuestros orígenes hasta el presente la venganza planea sobre la faz de la Tierra como una espuela de puntas afiladas. El derramamiento de sangre se constituyó en un símbolo de incomparable potencia. Ante la sangre derramada suele brotar el imperativo de derramar la sangre del oponente. Casi nunca un crimen se reconoce inicial, sino la respuesta a un crimen anterior. Pocas veces hay acuerdo sobre su real origen, porque siempre es fácil remontarlo hacia otro y otro más lejano.

Caín mató a Abel porque fue despreciado por Dios, no porque tenía vocación de asesino. Caín era un agricultor esforzado que cumplía con el deber de entregarle ofrendas al Señor. Y como la voluntad de Dios es insondable, nunca se sabe por qué despreció su ofrenda vegetal y provocó el conflicto. El relato del Génesis es muy breve y seco, casi amputado. Consta de apenas diecisiete versículos. Dice que Caín era el primogénito y se dedicaba a los frutos de la tierra. Quizás no amaba a su hermano, que le quitó el privilegio de ser hijo único. Quizás era celoso, quizás demasiado competitivo. Debe haber tenido las manifestaciones que ahora son un lugar común en la psicología infantil, aunque no las registre la Escritura. Es comprensible que se haya sentido mal cuando se dio cuenta de que su hermano era el preferido. Para colmo, habrá pensado que la ofrenda de su hermano Abel no tenía los méritos de la suya, porque Abel se limitaba a pastorear animales, mientras él sudaba trabajando la tierra. No toleró la injusticia, lo incendió la envidia y desde sus entrañas ascendió el odio como lava ardiente. No podía descargar su puño contra Dios y, en consecuencia, lo desplazó contra el hermano débil. Tuvo la desgracia de convertirse en el primer asesino de la especie. Pero podía argumentar que su fratricidio no fue arbitrario, sino la consecuencia de una provocación. Por lo tanto, Caín sería también el autor de la primera excusa de un crimen. Nos legó una doble matriz: por un lado el asesinato, por el otro la justificación.

Desde mi primera lectura sobre este episodio tan simple, que realicé de adolescente, blasfemé con un transparente reclamo: dije que Dios nos debía una explicación. Se comportó como un padre irresponsable, desequilibrado, que mostraba de modo abierto su preferencia por uno de los hijos, sin tener en cuenta el dolor que semejante actitud generaba en el otro. Caín se vengó del desprecio asesinando a Abel, pero Abel no se pudo vengar de Caín, claro. Tampoco los hijos de Abel, porque da la impresión de que aún no los había engendrado. La venganza (¿ya era justicia?) a fondo estuvo a cargo del Señor, que empezó a herirlo mediante un humillante interrogatorio. Estaba decidido a castigarlo, porque la sangre de la víctima lo reclamaba.

Caín fue expulsado al este del Edén con una marca infamante sobre el rostro; pese a que siguió trabajando y creando —se lo considera fundador de las ciudades—, su descendencia sólo alcanzó la séptima generación y desapareció del mundo. Su crimen no tuvo perdón ni con el correr del tiempo.

Pareciera que la venganza tendiese a ser perpetua. Puede aumentar o disminuir, cambiar de protagonistas y hasta montarse sobre las generaciones. ¿Llega al agotamiento? Sí, pero el agotamiento en algunos casos tarda en producirse. A veces tarda demasiado. Y las consecuencias son terroríficas. Además, el motor vengativo puede volver a arrancar cuando lo creíamos muerto. En lugar de extinguirse sólo fue a dormir una siesta.

La venganza de sesgo interminable suele apoyarse en el equilibrio que exhiben los contendientes, de allí tantas leyendas y mitologías sobre combates entre hermanos de parecida contextura física y mental. No es fácil que se defina el conflicto con un claro ganador y un definitivo perdedor.

Jorge Luis Borges dio un giro novedoso a la historia de Abel y Caín en su texto "Leyenda", porque brinda un epílogo confortable. Ayuda a tranquilizarnos y dice así:

"Abel y Caín se encontraron después de la muerte de Abel. Caminaban por el desierto y se reconocieron desde lejos, porque los dos eran muy altos. Los hermanos se sentaron en la tierra, hicieron un fuego y comieron. Guardaban silencio, a la manera de la gente cansada cuando declina el día. En el cielo asomaba alguna estrella, que aún no había recibido su nombre. A la luz de las llamas, Caín advirtió en la frente de Abel la marca de la piedra, dejó caer el pan que estaba por llevarse a la boca y pidió que le fuera perdonado su crimen. Abel contestó:

"—¿Tú me has matado o yo te he matado? Ya no recuerdo; aquí estamos juntos como antes".

¿Hubo perdón? Parece que sí.

Pero más frecuente es lo expresado por el poeta Heinrich Heine en uno de sus textos. Según nos manifiesta con
filosa ironía, resulta más fácil simular que uno renuncia al
desquite que hacerlo efectivo desde la profundidad del alma. Con engañosa humildad desnudó lo siguiente: "Mi naturaleza es la más pacífica del mundo. Todo lo que pido es
una casita sencilla, una cama decente, buena comida, algunas flores frente a mi ventana y unos cuantos árboles junto a la puerta. Luego, si el buen Dios quiere hacerme completamente feliz, podría hacerme gozar del espectáculo de
seis o siete de mis enemigos colgados de esos árboles. Yo
les perdonaría todos los agravios que me hicieron, puesto
que debemos perdonar a nuestros enemigos. Pero luego
que los hayan ahorcado".

4. La tirria fraternal

Los rivales exhiben cierto balance. Los gemelos y los mellizos plantean connotaciones vinculadas con la rivalidad edípica, el narcisismo de las pequeñas diferencias y las enrevesadas consecuencias de una relación especular. El complejo fraterno, además de los consabidos sentimientos de amor, odio, celos, envidia y rivalidad entre hermanos, posee cierta especificidad en los mellizos y gemelos. Mark Twain, con su penetrante humor, dijo: "Yo tenía un hermano gemelo. Nos parecíamos tanto que, habiendo muerto uno de nosotros en el nacimiento, nunca pude saber si era él o yo". Es posible que haya elegido el seudónimo *Twain* para su vida de escritor por la proximidad de esa palabra con el sonido *Twin* (gemelo).

En un segmento deslumbrante de *El banquete*, Platón atribuye a Aristófanes un discurso sobre el amor, donde afirma que en los orígenes hubo tres géneros simultáneos: masculino, femenino y andrógino. Los andróginos tenían cuatro brazos y cuatro piernas y eran impresionantes por su vigor. Pero grande era también su arrogancia y Zeus tomó una decisión cruel: "Voy a cortar a cada uno de ellos en dos —dijo—, así serán más débiles y también más útiles, ya que se multiplicará su número". Una vez que esa compleja naturaleza humana fue dividida, cada parte añoró la otra mitad. Incluso pueden morir de tristeza o inanición por vivir separados.

Esta búsqueda amorosa contrasta con el combate de quienes, a la inversa, perciben sus lazos como motivo de disputa en lugar de unión o complementariedad.

Eurípides narra el enfrentamiento mortal entre los hijos de Edipo: Etéocles y Polinices. También es mortal el vínculo entre Rómulo y Remo.

La Biblia ofrece otros ejemplos de rivalidad fraterna, pero cuyos desenlaces terminan bien. Son auténticas novelas, con intriga, suspenso y conmovedores conflictos humanos. En el *Génesis* se describen dos historias de mellizos: primero es el caso de Esaú y Jacob, hijos de Isaac y Rebeca; después el de Parets y Zaraj, hijos de Judá y Tamar.

Varios versículos del texto procuran marcar las diferencias entre ellos (¿será que abrumaban las semejanzas?). "Esaú fue diestro en la caza, hombre de campo; pero Jacob era varón quieto, que habitaba en tiendas. Y amó Isaac a Esaú, porque comía de la caza; pero Rebeca amaba a Jacob." Esaú era velludo y Jacob, lampiño.

Ya en el vientre de Rebeca los hermanos habían empezado a rivalizar. "Los hijos lucharon dentro de ella." El patriarca Isaac, preocupado, fue a consultar con Dios, quien dijo: "Dos naciones hay en su seno, y dos pueblos serán divididos desde sus entrañas".

En aquella época —y hasta años recientes— era muy importante la primogenitura. Esaú había nacido primero y, en consecuencia, se lo consideraba el primogénito, con los privilegios que entrañaba esa categoría familiar. Pero al volver cansado de una jornada de caza vio a su hermano comiendo un plato de lentejas. Jacob accedió a dárselo si le cedía la primogenitura, canje que Esaú, sin pensarlo bien, aceptó. No sólo perdió ventajas, sino que acuñó uno de los lugares comunes más repetidos en varias lenguas: "Venderse por un plato de lentejas". Pero su furiosa enemistad fue desencadenada después, por el traicionero episodio de la bendición. Aprovechando la ceguera del agónico Isaac y la complicidad de su madre, Jacob sustituyó a su hermano y recibió las mejores palabras que estaba dispuesto a brindar el patriarca. Esaú, enojadísimo, decidió guardar luto por la muerte de su padre y luego matar a Jacob, quien tuvo que huir junto a los parientes de su madre.

En la casa de su tío Labán se desarrolló la enrevesada historia de su romance con Raquel y Lea. Muchos años después, los capítulos 32 y 33 del *Génesis* narran la confluencia de los hermanos. Era grande y lógico el miedo de Jacob, porque Esaú tenía más riquezas y mejores hombres. Mandó emisarios con obsequios de gran valía para Esaú, a fin de que el encuentro fuese amistoso, pero al mismo tiempo se preparó para un terrible enfrentamiento. La sorpresa coronó el relato: "Esaú corrió a su encuentro y le abrazó, y se echó sobre su cuello y le besó; y lloraron". Marcharon juntos un tiempo y después cada uno siguió su camino. Esaú fue a radicarse en otra tierra por la magnitud de sus ganados y de su simiente se desarrolló el pueblo de Edom. De la simiente de Jacob se desarrolló el pueblo de Israel.

La historia de Parets y Zaraj es más novelesca aún. Judá, hijo de Jacob, había tomado como esposa a una mujer cananea, con quien tuvo tres hijos: Er, Onán y Sela. El primogénito Er se casó con la bella Tamar, pero murió sin dejar descendencia. Entonces, siguiendo la costumbre de la época que pretendía dar protección a las viudas, Tamar fue dada como esposa a su cuñado Onán. Pero Onán prefería verter su esperma sobre la tierra en lugar de hacerlo en el interior de la mujer, porque consideraba que los hijos no serían considerados suyos, sino del hermano muerto (rivalidad); además, él no había elegido a Tamar. A Dios desagradó la conducta de Onán y le quitó la vida (el onanismo, que deriva de su nombre, no es exactamente lo que hacía aquel pobre individuo). Al volver a quedar viuda, Tamar fue enviada por Judá a la casa de su padre, donde esperaría a que Sela, su tercer hijo, creciese y pudiera desposarla. Pero, al mismo tiempo, quería evitar esa unión por miedo a que también muriese, como sus dos hermanos.

Pasó el tiempo y Judá enviudó. Tamar era muy lúcida y percibió que su suegro no cumpliría la promesa porque Sela había crecido y no le llegaban noticias de que la fuera a desposar. Entonces urdió una solución temeraria. Se quitó los vestidos de viuda, ocultó su rostro con un velo y se sentó en el camino como si fuese una ramera. Su suegro regresaba de la esquila. Ella le pidió unas prendas a cambio de sus favores: "Tu sello, el cordón del que cuelga y el bastón que llevas en la mano". Tamar quedó embarazada. Tres meses después Judá se enteró del embarazo de su nuera y se enfureció creyendo que ella había cometido adulterio. Ordenó buscarla para aplicarle un castigo. Pero Tamar mandó decirle: "Yo he concebido del hombre a quien pertenece todo esto. Mira de quién son este sello, este cordón y este bastón". Judá, atónito, los examinó y reconoció, cabizbajo: "Ella es más justa que yo, porque no le he dado mi hijo Sela". Y nunca volvió a tener relaciones con Tamar.

Cuando advino el tiempo del parto, se descubrió que había gemelos en su vientre. Mientras paría, uno de ellos sacó la mano y la partera la tomó y le ató un hilo de grana para que se reconociera que nació primero (la famosa primogenitura). Pero esa mano volvió al interior del vientre y su hermano gemelo le ganó en su aparición al mundo; lo llamaron Parets. Enseguida brotó el otro, que tenía el hilo grana y fue llamado Zaraj. Ambos nombres se vinculan con el sordo combate por salir primero y ganar la carrera de la primogenitura: el primero se relaciona con la súbita irrupción, el segundo con el hilo grana que evoca el resplandor de la luz.

Estos ejemplos expresan el predominio de la rivalidad y los odios que se suscitan por marcar inequidades entre hermanos. La primogenitura duró milenios y ha sido causa de infinitos crímenes, porque no sólo lesionaba intereses materiales, sino la autoestima. Pero los casos de Parets y Zaraj, sin embargo, no terminaron en tragedia. Tal vez en ese antiguo texto se ha detallado su historia para ejemplarizar hacia la vertiente positiva. La existencia de un par no significa que deba producirse, de forma ineludible, odio y combate. Como señala Moisés Kijak, en el erótico *Cantar de los Cantares* refulgen versículos donde la antológica belleza acude al recurso de los pares que, lejos de producir malestar, generan armonías: "Tus dientes son como manadas de ovejas trasquiladas que suben al lavadero, todas con crías gemelas, ninguna de ellas estéril". "Tus dos pechos son como gemelos de gacela, que se apacientan entre lirios."

Pero avancemos nuestra mirada y vayamos un poco más adelante.

Cuando el odio sopla tan fuerte que excede los límites de la fraternidad o de la familia y sus llamas invaden amplios sectores de la comunidad con irrefrenable violencia,

¿cómo se las arreglan los humanos para erigirle un cerco?, ¿qué recurso inventan para detener su expansión? A eso, tan decisivo, nos referiremos en el capítulo siguiente. Nos sorprenderá.

5. El sacrificio

Dijimos que la venganza necesita el combustible del odio. Sin odio no habría venganza. Pero, ¿cómo se lo controla?, vuelvo a preguntar. Ya sabemos que el odio y la violencia se nutren de la agresión provista por Tánatos. Y que Tánatos es inclemente. No quedaría más remedio que engañarlo, como hizo Ulises con el gigantesco Polifemo. El engaño debe ser muy hábil para que funcione.

Surgió entonces un recurso inesperado, inteligente, genial: el *sacrificio*.

Este ardid aspira a un resultado extraordinario: restablecer el orden y la paz entre los miembros de una comunidad que se desangra porque no puede resolver sus conflictos. Por supuesto que el sacrificio también entraña violencia, y a veces muy dolorosa. Pero la reduce. Y de ahí su inmemorial éxito y popularidad.

El método es antiquísimo. Su objetivo es loable. Se parece a la rienda de cuero áspero que frena los desbocados corceles. Chupa en embudo la furia del ambiente para expandir en su lugar una atmósfera distinta, llena de súbito o, al menos, progresivo aquietamiento.

¿Cómo lo hace?

Parecería una receta homeopática: provocando la enfermedad en pequeño para eliminar la enfermedad en grande.

El sacrificio utiliza una violencia para frenar otra violencia. Mediante el sacrificio (que es violento) se pretende y logra apagar la ira del dios (que trepida violencia). Todos lo factores funcionan en torno al odio y la violencia. El dios violento es obviamente la proyección de los fieles, que depositan en él las emociones que soplan en la Tierra. Nada más ilustrativo que los combates entre griegos y troyanos narrados por *La Ilíada*. Los combates que importaban —y decidían los resultados— eran los que libraban los dioses que adherían a unos u otros por razones inescrutables.

Ahora bien; consumado el sacrificio, se apaciguaba el dios y retornaba la calma. Los miembros de la comunidad podían volver a mirarse con renacida ternura, aflojar la tensión, postergar las luchas y dejar para otro momento las cuentas pendientes. La inmolación sagrada de una persona, o de un grupo de personas, generaba una metamorfosis del conjunto. Gracias al sacrificio una comunidad que se desangraba por interminables combates deponía las armas como plumas que se aquietan sobre la hierba mojada. El dios estaba complacido y los seres humanos respiraban gozosos el aire perfumado que sigue a las tormentas. La violencia aplicada a la víctima propiciatoria había redimido a la mayoría. El anhelo de matarse en forma recíproca estaba satisfecho. La comunidad no se autoinmoló sino que inmoló a su representante, la víctima propiciatoria. La comunidad vuelve a ser —como dice Giovanni Sartori— "un compartir que une".

En las sociedades primitivas no existía el freno de las

instituciones. Por lo tanto, sólo con otra ofensa se respondía a una ofensa, un homicidio con otro homicidio. La respuesta a una agresión era el modo más común de ponerle límite. Y la medida más popular fue la ley del Talión, consagrada por el código de Hammurabi, luego por la Biblia y el Corán. Dice el Levítico (24; 19): "vida por vida, ojo por ojo, mano por mano, pie por pie, herida por herida". Dice el Corán (XVII-33): "Cuando un hombre es muerto injustamente, damos a su pariente próximo el poder de vengarlo; pero que éste no se exceda en su muerte". La ley del Talión fue propia de todos los pueblos antiguos y es normal en la primera infancia. La infancia de una persona y la infancia de la humanidad poseen, entre otros, ese rasgo en común. Un bebé quiere hacerle a su animal doméstico el mismo mal que le hicieron a él: correrlo con la jeringa, obligarlo a ingerir un medicamento, sufrir una penitencia, soportar el peine sobre los desmadejados pelos o recibir una orden con voz severa.

La mitología ofrece ejemplos a granel. Uno muy conocido —y que la literatura llenó de variaciones— es el de Teseo y el Minotauro. Comienza con la ira y el odio que se desató en el corazón de Minos, rey de Creta, al enterarse de que su hijo bienamado había sido asesinado en la ciudad de Atenas sin que mediase provocación alguna. Organizó sus tropas con celeridad y alistó una caravana de naves para cruzar las aguas del mar y desquitarse por el crimen. Cayó sorpresivamente sobre los atenienses y los derrotó. Pero su espíritu de venganza no se apaciguó con la victoria, sino que prosiguió con el rabioso asesinato de cuanto ateniense apareciese ante su vista. Para detener esta masacre se llegó a un acuerdo: que la sometida Atenas enviase a Creta siete muchachos y siete doncellas cada nueve años para que los devorase el Minotauro, un ente mitad hombre y mitad toro que residía en un laberinto. El sacrificio de esos jóvenes reemplazaba al genocidio de atenienses. Éstos cumplieron con su obligación en dos oportunidades: el trágico botín partía en medio de sollozos e impotencia; era una carga demasiado onerosa que nadie se atrevía a suspender. Entonces emergió la rebeldía del audaz Teseo, hijo de Egeo, rey de Atenas. Para sorpresa de su padre y de quienes lo rodeaban, explicó que pondría fin al excesivo sacrificio dando muerte al monstruo. Se hizo incluir en el contingente de víctimas que partieron hacia la isla para satisfacer la voracidad del Minotauro. Una vez llegado a tierra firme consiguió la ayuda de Ariadna, hija del vengativo rey Minos, quien le proporcionó dos instrumentos esenciales: una espada mágica y una cuerda muy larga. Teseo penetró en el laberinto y enfrentó al Minotauro, a quien dio muerte; luego consiguió salir gracias a la cuerda que había desenrrollado mientras se introducía en las enrevesadas profundidades. Liberó a los sobrevivientes que esperaban ser devorados y, vuelto a la luz, recogió a Ariadna y su hermana Fedra. Embarcó en una nave rumbo a Atenas, donde vocearía su triunfo. Sin embargo, lo esperaba una desgracia. Se detuvieron en una isla para recoger provisiones y allí extravió a la princesa Ariadna. Su ánimo conturbado le hizo olvidar el código establecido con su padre de cambiar las velas negras por velas blancas antes de llegar a puerto para avisarle que retornaba con vida. Cuando el rey no divisó las velas blancas sufrió un acceso de amargura muy hondo y se arrojó a las aguas del mar que, a partir de entonces, se llama Egeo en su homenaje.

Las implicancias del sacrificio que contiene esta leyenda han dado lugar a diversas lucubraciones sobre la sucesión de venganzas. Prestemos atención y nos asombrará la cantidad de venganzas que contiene este breve relato mítico. Primero tuvo lugar la venganza del rey Minos sobre Atenas por el asesinato de su hijo. Luego, el pacto de cambiar un genocidio interminable de atenienses por el asesinato selectivo de catorce jóvenes cada nueve años; de esa forma se reducía la cantidad de muertes, pero continuaba el castigo (la venganza) por aquel lejano asesinato. A continuación se produce la venganza de Teseo contra el rey de Minos al matar al Minotauro que devoraba a los jóvenes atenienses. Ariadna protagoniza otro castigo (venganza) por la felonía contra su padre al haber ayudado a Teseo y huido con él. Por último, se produce el suicidio del rey Egeo, culpable de haber permitido que su hijo fuese a Creta para violar el pacto que había firmado con Minos. Hay, pues, sanción sobre sanción, desquite sobre desquite. Si bien la ley del Talión fue jurídicamente superada en la mayor parte del planeta (no en todas las regiones aún), se sigue manteniendo con fuerza en el ánimo de los hombres, como lo demuestran leyendas que vienen de la Antigüedad y se reproducen hasta el presente.

Veamos una conmovedora ilustración del siglo XIX.

Apelo a un texto que recuerdo desde mi adolescencia, *¡Abajo las armas!*, una extraordinaria novela de la austriaca Bertha von Suttner, centrada en la guerra franco-prusiana de 1870. Entre otros méritos, ese libro inspiró al sueco Alfred Nobel para instituir el Premio de la Paz que lleva su nombre. Su lectura me convirtió precozmente en un pacifista e inspiró un largo artículo. Yo tenía irresponsables trece años, lo hice pasar a máquina y llevé al único semanario que se editaba en mi pueblo con gran esfuerzo y coraje, porque ese periódico enfrentaba en soledad el régimen autoritario de Perón. Por supuesto que mi artículo fue cordialmente rechazado. Pero en él había citado unas frases de la novela que me causaron indeleble impresión. Tanta, que las recuerdo de memoria. Decía Bertha von Suttner que "a nadie se le ocurre borrar una mancha de tinta con tinta ni una mancha de aceite con aceite; pero para las manchas de sangre no se encuentra nada mejor que otra mancha de sangre".

¡Qué fijación, realmente! Es el último resabio de la arcaica ley. Y evidencia un vivo apego por la venganza interminable, un tizón de odio que jamás se apaga. A esta altura de la historia el tema de la sangre debería quedar en manos de los hematólogos. ¡Hasta como metáfora debería avergonzar a quienes aún lo usan de argumento! La sangre es símbolo de las absurdas guerras étnicas. La sangre es un mito que ha enajenado a pueblos íntegros, como lo hicieron los nazis.

No obstante, la sangre está relacionada con los sacrificios que buscaban poner término a su efusión. Es una paradoja, claro. En su tiempo el sacrificio tuvo ventajas, porque salvaba a muchos. Los salvaba a costa de inmolar unas pocas víctimas propiciatorias. Esas víctimas nos causan espanto ahora, pero peor hubiera sido el espanto de los exterminios masivos que se iban a consumar si no se apelaba a ese recurso. Con el sacrificio que horroriza, la humanidad subió otro peldaño de la escalera que empieza muy abajo, en el origen bestial.

Pero el sacrificio, contrariamente a lo que se puede suponer, no es un trámite simple. De ninguna manera se reduce a matar pocos en vez de muchos. Para que suceda debe cumplir requisitos ineludibles. Si no los tiene en cuenta, resulta inoperante, es matanza, no sacrificio de verdad. A estos curiosos requisitos nos referiremos a continuación, porque iluminarán mucho de lo que venimos exponiendo hasta ahora.

6. Exigencias del sacrificio

Para dar un buen resultado el sacrificio debe cumplir normas, como dijimos recién. Desde la prehistoria no era cuestión de matar de cualquier modo en cualquier momento. No. Se necesitaba que conmoviese como algo mágico o sagrado. En primer lugar, no cualquiera podía servir de víctima. La víctima debía reunir por lo menos dos características. Primero, atraer sobre sí la furia de la comunidad. Segundo, que su inmolación no pudiera desencadenar otra vez el círculo de la venganza.

La operatividad del sacrificio primitivo radicaba en el asesinato de seres humanos, desde luego; los animales se usaron después, como sustitución. La matanza ritual debía ser sentida por la comunidad como un mandato del cielo (o de los ídolos) y que no dejaba abierta la menor objeción. En otras palabras, la comunidad entendía que el cielo sólo modificaría su enojo —evidenciado en las carnicerías que se infligían los propios integrantes de la tribu— si se le regalaba una ofrenda muy valiosa, muy amada. Seres humanos, por supuesto. Mejor si jóvenes, mejor aún si bellos, mejor si hijos de los notables.

Un buen sacrificio tenía el mérito de desviar el odio y la violencia del dios (en realidad de los integrantes de la comunidad) hacia la víctima ofrendada. De este modo se libera a los miembros de la comunidad de sus propios deseos autodestructivos. No importa que la víctima sea culpable de algo, o que sea completamente inocente. Debe ser significativa, para que se consiga transferirle los rencores, la agresión y las rivalidades que bullen dentro de la comunidad. La víctima pasa a ser un compacto en el que se amontonan todos los males. De esa forma se produce una maravillosa limpieza, una liberación de quienes participan en el asesinato. Y se restablece la paz.

En la antigua Grecia se efectuaba el ritual del *Pharmakós*. Era quien debía ser sacrificado para restablecer la salud de la comunidad, por lo general un individuo feo o minusválido. La sociedad cargaba las culpas de un misterioso delincuente, a quien era preciso identificar y aplicarle el correspondiente castigo. Si no se lograba descubrir al verdadero transgresor, se apelaba a un sujeto despreciable, cuya inmolación cancelaba las culpas. La víctima conseguía poner remedio al sufrimiento del conjunto. Se utilizaba en especial durante las pestes. Era el mejor y, a veces, casi único remedio. De *Pharmakós* vienen las palabras "fármaco" y "farmacología".

El sacrificio, además, instauró cierta diferencia entre violencia pura e impura. La pura sería menos grave. Se ejerce desde el altar y, con el tiempo, desde una instancia suprema de la civilización llamada Justicia. La Justicia, al aplicar sanciones, también usa la violencia. Pero su acción no es seguida por represalias debido a que hay consenso en que es el último eslabón de la otrora venganza infinita. Pone término al círculo vicioso. Su meta no es el castigo, sino proteger a la sociedad.

* * *

En otras palabras, aunque ahora nos repugne, la humanidad inventó un truco genial para ascender a estadios de mejor contención. La víctima propiciatoria fue crucialmente útil. El siguiente paso fue sustituir la víctima humana por animales; constituyó otro progreso colosal. Funcionó como una bisagra el dramático instante en que Abraham iba a sacrificar a su amado hijo Isaac por orden superior. Esa misma instancia divina le detuvo la mano y señaló el cordero que debía reemplazarlo. A partir de entonces quedaron prohibidas los inmolaciones humanas en el pueblo de Israel. Pero este recurso salvífico, de hondas resonancias en el alma colectiva, fue tomado por el cristianismo de un modo superador. En efecto, un ser excepcional, Jesús, es sacrificado para redimir a todos sus congéneres. Como en el ritual del *Pharmakós*, asume todas las culpas y con su sacrificio las lava. Su inmolación, repetida una y otra vez en el sacramento de la eucaristía, mantiene activo su poder de apaciguamiento y de ligadura entre los fieles. La comunidad bebe su sangre y come su cuerpo, identificándose con él, como venía siendo prefigurado desde la prehistoria. El ritual expande bienestar y nutre las corrientes positivas del espíritu.

Llegados al tiempo contemporáneo, los episodios bélicos del pasado alcanzaron una aparente culminación con dos espantosas guerras mundiales. Tras su término, con la documentación de los infinitos horrores generados antes, durante y después de las matanzas, surgió el presentimiento de que no se seguiría derramando sangre. Ya eran excesivos los muertos y la destrucción. El odio había dejado huellas imborrables en Verdún, el Holocausto, los bombardeos de ciudades abiertas. Luego, sin embargo, estallaron guerras en el Medio Oriente, en Corea, en Vietnam y en otras partes. ¿Cuándo dejarán de reclamar sangre las gargantas vampirescas de los hombres? El derrumbe del Muro de Berlín, la implosión soviética y el consiguiente fin de la Guerra Fría despertaron sueños de armonía universal. Los ingentes recursos destinados a la producción de armas podían por fin ser destinados a la salud y la cultura. Los millones de seres que habían padecido represión y miseria accederían a una luminosa libertad, a la alegría, al bienestar, a la creación de un nuevo Renacimiento.

Pero hubo miedo a la libertad. Y miedo a cancelar el odio.

De eso hablaremos ahora. En un ensayo sobre el odio no podemos marginar el tema, porque sería imperdonable.

7. Miedo a la libertad
y permiso al genocidio

Erich Fromm pergeñó el título *Miedo a la libertad*, que tuvo el alcance de una profecía. A fines del siglo XX el mundo no pudo seguir hacia delante, tuvo realmente miedo a la libertad y más miedo a sus inevitables desafíos. Optó por desandar lo andado, como un animal que se asoma de la cueva, ve la luz, el movimiento, huele el aire denso de fragancias excitantes y entra en pánico. Volvió al interior de la cueva y retrocedió espantado hacia sus túneles más sombríos. En vez de explorar el nuevo espacio, prefirió las tendencias sepultadas. Bebió otra vez en las tenebrosas fuentes del odio. Es evidente: con estupor hemos asistido a la arcaica creciente de los nacionalismos, de las intolerancias étnicas y del fundamentalismo religioso. Eran dinosaurios que no habían muerto del todo, pese a nuestras ilusiones. La cordillera de libros, prédicas, luchas y esfuerzos realizados para que avanzaran la fraternidad y la tolerancia fue demolida con desdén, con facilidad. Los salvajes retomaron la iniciativa. Todo lo que se había dicho y demostrado sobre la perversidad de la guerra y las discriminaciones se partió en añicos. Los genocidios que tantas veces fueron condenados ya no quedaban atrás, sino que amenazaban reproducirse. Y se reprodujeron. Seguían vigorosos los deseos de dominio y de destrucción, aumentaron los sentimientos de odio. Y volvió a tener vigencia un consejo antiguo: "Si quieres la paz, prepárate para la guerra".

En lugar de compartir la vida —con sus estímulos, pluralidad y tensiones— se prefirió compartir la muerte. La tendencia letal volvía a imponerse. La insaciable diosa Athor-Sejmet descargaba otra vez su furia asesina sobre hombres, niños, mujeres y ancianos. Compartir la muerte pasó a convertirse en el ominoso puerto de multitudes. El ensangrentado siglo XX avanzó hacia su fin con bestialidades que ya no parecían parte de la realidad. Impensables carnicerías desgarraron lo que había sido durante siete décadas un hermoso país llamado Yugoslavia. La conflagración sádica e insensata tenía el impúdico propósito de exterminar poblaciones enteras, hacer la "limpieza étnica", reactualizar los ideales del nazismo. En lugar de propiciar la diferencia estimulante, la transformaron en una excusa de oro falso para matar sin clemencia. Adquirió siniestra actualidad una reflexión de Homero: "Pueden los hombres cansarse de dormir, de amar, de cantar y de bailar, pero no de hacer la guerra". De eso no se cansan nunca.

Los textos antiguos idealizaban las guerras, las convertían en unánimes historias épicas, exaltaron a sus héroes. Así fue la *Ilíada* y la *Odisea*. Lo mismo sucedió con la historia de Eneas cantada por Virgilio. En la Biblia hay varios héroes: Moisés, Sansón, David. Textos posteriores siguieron idéntica línea: *Orlando furioso*, la *Canción de Rolando*, el *Cantar de mío Cid*.

Hacia las postrimerías del siglo XIX, por fin, los relatos bélicos fueron perdiendo su carácter sublime. Afirma Joseph Roth en su epopeya del imperio austrohúngaro, *La Marcha Radetzky*, que el anciano emperador Francisco José aborrecía la guerra, contrariamente a lo que se suponía. Opinaba que de ella siempre se salía perdiendo, aunque fuese a mediano plazo. Su visión fue trágica y lúcida a la vez. Permitía los desfiles militares porque las brillantes formaciones eran la oposición del caos que desencadenaban las batallas. Eran, además, una forma de hacer catarsis y demorar el comienzo de la conflagración. Pero, en contra de lo que dijo Joseph Roth, también esas marchas contribuyeron a encender el entusiasmo por las batallas. Estimulaban fantasías de grandeza sin elucidar el infierno de miseria y aberraciones en que desembocan.

Una obra liminar fue *¡Abajo las armas!*, de Bertha von Suttner, que mencionamos unas páginas atrás. Otra fue *La roja insignia del valor,* del americano Stephen Crane, en la que su protagonista dista mucho de ser un guerrero valiente. La Primera Guerra Mundial fue contada en forma desgarrante por Erich María Remarque en *Adiós a las armas* y por Céline en *Viaje hacia el fin de la noche.* Luego fue desnudada la Guerra Civil Española en *Por quién doblan las campanas*, de Ernest Hemingway. La Segunda Guerra Mundial fue objeto de novelas memorables, casi todas de denuncia a sus horrores.

Una forma más efectiva, actualmente, es contar los episodios en forma íntima, personal, cuando la guerra queda metida dentro del alma y no permite que uno vuelva a ser quien era antes de su venenosa irrupción. Un texto de este tipo es el del portugués Antonio Lobo Antunes titulado *En el culo del mundo* y que habla de Corea a través del recuerdo de un médico para quien esa guerra no ha terminado ni terminará nunca, a pesar de que en la realidad concreta se le haya puesto un transitorio final.

Hoy los relatos bélicos ya no son sagas maravillosas, sino modestas y desgarradoras aventuras personales que se entrelazan con el bochorno del odio y la destructividad. Veamos ahora un ejemplo reciente, del que hemos sido testigos a través de los medios de comunicación, y que nos hiela la sangre.

8. El espanto

No hace falta ser talentoso para advertir que el siglo XX se cerró como un cuento circular: empezó con tiros y bombas en los Balcanes y terminó con tiros y bombas en los mismos Balcanes. "Sarajevo" fue una palabra de patética resonancia en las orejas de quienes caminaron el siglo. Balcanes ha sido sinónimo de región propicia a quebrarse en fragmentos, de ahí que se llame "balcanización" el descuartizamiento de cualquier país.

Sin embargo, a principios de los años noventa en los Balcanes hacía más de medio siglo que se ejercitaba la convivencia pacífica. Habían conformado un tapiz étnico y cultural de admirable riqueza, diversidad y armonía. Era meritorio, de veras. Porque antes, durante siglos, había corrido la sangre y el dolor por sus valles y montañas. El largo gobierno del mariscal Tito siguió a una monarquía de varias décadas y pudo consolidarse de esa forma una ingeniería que superaba las antiguas rivalidades. Yugoslavia se presentaba en la segunda mitad del siglo XX como un país sólido. Hasta en las regiones distantes de su dilatada geografía se respetaban las identidades articuladas por la federación. Tito, de origen croata, mantuvo la capital en Belgrado, que era la metrópolis de Serbia. Funcionó como emblema poderoso del anudamiento en que se debían mantener los diversos pueblos, culturas y religiones del país.

Este mosaico funcionó y pudo seguir funcionando, si no se hubiera encendido la fogata del hipernacionalismo. Un protagonista ineludible de esta regresión fue Slobodan Milosevic. La fogata no sólo esparció llamas y carbones encendidos, sino que devoró la sensatez y condujo al trizamiento de Yugoslavia en varios estados independientes. Por si fuese poco, desencadenó una seguidilla de persecuciones y matanzas multitudinarias. Se cayó en atrocidades que aturden. Muchos corresponsales de guerra y logrados filmes nos han brindado informes que cortan la respiración.

Por el territorio de la ex Yugoslavia habían anteriormente fluido, chocado y negociado fuertes corrientes migratorias, cuatro religiones, varias etnias y grandes imperios. Rodó una impresionante saga de acercamientos y rechazos que pueden llenar bibliotecas. Mientras unos lograban someter, otros incubaban el desquite. En consecuencia, a lo largo de una convulsiva historia las tierras cambiaban de dueños y la gente, de lealtades. Una parte se había convertido al catolicismo, otra a la ortodoxia griega y una tercera al Islam, todas salpicadas de minorías judías. Los límites de influencia no se fijaron de un modo permanente, sino con tabiques móviles. Cada fe pretendía avanzar sobre las otras. La religiones crearon la ilusión de que ellas definían la pertenencia étnica. Pero las etnias —en todas partes y más aún en ese territorio— nunca son puras. Hay, en efecto, eslavos convertidos desde hace tiempo al Islam y turcos que en Serbia y Croacia pasaron a ser cristianos católicos u ortodoxos. La mítica "pureza de sangre" siempre es alterada por las violaciones de las que casi nunca se priva la soldadesca invasora. De ese modo muchas serbias engendraron hijos de violentos padres croatas y muchas mujeres croatas engendraron hijos de violentos padres serbios. ¿Quién es un serbio puro? ¿Quién un croata puro? Los guerreros se convertían en padres de hijos que nunca cuidaron y que serían a su vez sus enemigos en nombre de una etnia a la que sólo pertenecían en parte.

La lucha por la pureza étnica es absurda porque la pretendida pureza no existe ni existió. Tampoco hay pureza cultural o religiosa. Existen poblaciones islamizadas de lengua eslava, así como católicos que leen y escriben en alfabeto cirílico mientras griegos ortodoxos lo hacen en el alfabeto latino. La guerra étnica es ignorante y grotesca, además de criminal. Está inspirada en un odio pueril. Equivale al estúpido odio de los flacos contra los gordos, los altos contra los bajos, los peludos contra los lampiños, los rubios contra los morenos. Nada sustentable. Pero, ¡cómo aliena!

Cuentan que tres clérigos yugoslavos hablaban con pasión sobre sus respectivas creencias en el tiempo previo al estallido de las matanzas. De súbito apareció un ángel y les dijo: "Tengo el poder de realizarle un deseo a cada uno de ustedes". El pope ortodoxo se puso de pie y expresó sin rodeos: "Quiero que se mueran todos los católicos". Entonces se paró el cura y exclamó enojado: "Quiero que se mueran todos los ortodoxos". El ángel se dirigió al imán, quien se limitó a decir: "Bueno, si realizas los deseos de mis colegas, yo me conformo con otra taza de café".

* * *

Los delirios de dominación que arrasaron vidas y bienes yugoslavos en el crepúsculo del siglo XX no acabaron con el triunfo definitivo de nadie. Los asesinos de todos los bandos, incendiados por el odio, olvidaron que habían bailado en los mismos casamientos y bautismos, que se habían felicitado por el éxito de sus hijos, que se habían ayudado durante las enfermedades y vertido lágrimas cuando alguien moría. También olvidaron las manifestaciones de fraternidad que habían practicado con países vecinos. Contra toda lógica, Serbia y Macedonia tenían de pronto cuentas pendientes con Turquía y Grecia; los croatas con Hungría; Eslovenia e Istria con Italia y Alemania. El odio tomaba la iniciativa y nublaba el entendimiento. El odio quería atormentar, asesinar, destruir. Athor-Sejmet se instalaba en el corazón de los humanos nuevamente.

¡Qué lástima! ¡Qué horror!

Hagamos historia. En diciembre de 1918, sobre los escombros humeantes de la Primera Guerra Mundial, se había constituido el sensato Reino de los Serbios, Croatas y Eslovenos, que a partir de 1929 se llamaría Yugoslavia. Las luchas ideológicas entre el comunismo, el fascismo y la democracia mandaron a un segundo lugar las hostilidades étnicas y culturales. Eso era bueno, porque sacaba los conflictos de antiguos resentimientos y los instalaba en el plano secular, político. Duró hasta que Europa cayó bajo la bota de los nazis. Al terminar la Segunda Guerra Mundial volvió a establecerse la unidad del país mediante una federación de seis nacionalidades. Stalin pretendió anexarlo a su influencia, sin éxito; y excomulgó al rebelde Tito. Tito, inflexible, timoneó con arte y crueldad hasta convertirse en un referente mundial respetado, con autonomía en las decisiones internas y externas.

Tras su muerte se pretendió mantener el equilibrio, pero Milosevic puso en marcha el hipernacionalismo serbio, como dijimos antes. Sus enfrentamientos con Eslovenia y Croacia terminaron en derrota y la pérdida de ambos territorios para la federación. En Bosnia facilitó un genocidio sobre el que debe rendir cuentas. Enloquecido, pretendió vencer a la OTAN.

Milosevic había sido un oscuro burócrata comunista que traicionó a sus antiguos maestros apenas pudo, que mintió sin escrúpulos a su pueblo y usó el ardor reaccionario del nacionalismo para ganar poder. Es también un hombre fascinado por la muerte. Su padre se suicidó; once años más tarde también se suicidó su madre y hay un tercer suicidio protagonizado por un tío.

Con sus ambiciones inflexibles, no sólo fue una desgracia para la humanidad, sino para los sacrificados serbios. No quiso asociarse a ninguna fórmula de paz, ni siquiera la propuesta por Rusia, que era su aliada; tampoco aceptó la tregua sugerida por el Vaticano. Echaba furibundos carbones a la gran fogata e insistía en una resistencia tan ridícula como perjudicial.

Finalmente fue vencido en las elecciones y extraditado a La Haya, donde se lo juzga por sus crímenes.

* * *

Raphael Lemkin acuñó la palabra "genocidio" para referirse al más diabólico producto del odio. Esa palabra, como tantas otras, sufrió lamentable inflación porque comenzó a ser aplicada a delitos que no alcanzan igual sentido (por ejemplo: "genocidio animal", "genocidio femenino", "genocidio famélico"). De esa forma se le ha desactivado el poder. "Genocidio" es más grave que "asesinato masivo", desde luego: incluye la existencia de un plan premeditado y coordinado para el exterminio total de una comunidad. No se reduce a crimen de guerra, como definía la Convención de La Haya, sino a algo peor: una brutal violación de la humanidad en su conjunto. El genocidio supera el horror del ataque a un individuo, grupo o nación: es una profanación contra la humanidad entera, contra la especie.

Este concepto recién se puso en práctica durante los juicios de Nurenberg, pero deriva de las ideas sobre la Ley Universal de Montesquieu, que la describió, precisamente, como "la ley civil universal en el sentido de que todas las personas son ciudadanos del universo". El odio que anima al genocidio chorrea irrefutable inmoralidad. Como afirma Alain Finkielkraut, "es diferente ser perseguido como enemigo a ser exterminado como una plaga de gusanos".

En el año 1948 la Asamblea General de las Naciones Unidas aprobó las leyes contra el genocidio. Pero, por enfática acción de los delegados soviéticos, entonces subordinados a Stalin, quedaron marginadas las razones políticas, económicas y culturales. Es decir, se impusieron los intereses facciosos por sobre las necesidades de la humanidad. Y esto —¡qué dolor!— no produjo repugnancia ni crisis ideológicas en los sectores progresistas del mundo.

Tampoco producen repugnancia ni crisis ideológicas la impunidad de los genocidas cuando comulgan con las corrientes dominantes, tanto de izquierda como de derecha. Es el excitante asunto del capítulo que viene.

9. Aguantadero de asesinos

Consuela que ahora haya aumentado la persecución de los genocidas, claro. En medio de tanta desolación y locura, debemos celebrar que en gran parte del mundo se va instalando la certeza de que quienes perpetran crímenes contra la humanidad, tarde o temprano, son sancionados. Es un paso que responde al impulso vital. También es importante que se vayan consolidando cortes supranacionales para evitar que las fronteras, en lugar de servir a pueblos y países, sirvan a los depredadores. Pero en esta etapa inicial la Justicia deberá enfrentar temores, presiones políticas o intereses espurios hasta que logre consolidarse. Es obvio que muchos genocidas conseguirán esquivar la ley, aunque los beneficios que han disfrutado hasta el presente ya no serán tan seguros.

El carácter supranacional de investigaciones y procesos sufre la resistencia de quienes oponen la aureola casi sagrada de las fronteras —culto iniciado por el Tratado de Westfalia, tras la Guerra de los Treinta Años—; pero esa aureola, seamos francos, no siempre fue tenida en cuenta. Desde que se constituyeron los Estados hubo pujas, trampas y negociaciones para darle estabilidad a los límites, caracterizados por su perpetua inestabilidad. Sucesivos desencuentros hacían pedazos los acuerdos obtenidos y las fronteras se movían como si tuviesen patas. Algunas regiones cambiaban de dueño varias veces durante el curso de una sola generación. Los límites eran biombos que se podían correr kilómetros en una u otra dirección, sin importar trastornos graves como los cambios de idioma, moneda, lealtades y las duraderas divisiones que se imponían a las familias.

El Estado-nación que conocemos ahora recién terminó de constituirse en el siglo XIX. Algunos imperios multiétnicos y multinacionales como la Austria de los Habsburgo y la Turquía de los Otomanos se sostuvieron hasta la Primera Guerra Mundial. Antes, durante la Edad Media y principios de la Moderna, las naciones eran las lenguas (el ejemplo alemán es el más notorio). Luego empezaron a gravitar ideas románticas como el *Volkgeist* (espíritu del pueblo), la pasión patriótica y la delirante "identidad de sangre". A partir de estas premisas, el concepto de nación suele confundirse con el de nacionalismo. El Estado-nación ya no acepta que los pueblos cambien de manos por bodas reales o conquistas sanguinarias.

El sistema de las fronteras llegó a dar risa en la época colonial, especialmente en Asia y África, porque desde el siglo XIX en adelante fueron trazadas lejos del lugar, en confortables despachos metropolitanos, con tiralíneas y compases que no tenían en cuenta lenguas, religiones, culturas ni historia y, a veces, ni siquiera los accidentes naturales. Los límites pasaban por el medio de una tribu en ciertas ocasiones, y en otras ponían bajo una misma nacionalidad a comunidades enfrentadas. Estos errores dieron origen a más de un conflicto.

Después de la Primera Guerra Mundial se cambió el mapa de Europa, Asia y África en base a los resultados de las batallas y el deseo de las potencias triunfantes. Se tuvo la ilusión de que se procedía para un arreglo permanente. Ilusión, claro, porque la Segunda Guerra Mundial mandó al cesto de los papeles inservibles lo acordado apenas veinte años antes. Sin embargo, esas ansias de arreglo permanente seguían latiendo y después de la victoria aliada, en 1945, quedó fijada la división política del mundo.

Las luchas anticoloniales —mediante resistencia pasiva, sublevación armada o arreglo amistoso— no modificaron los trazos fundamentales que se habían hecho. A la inversa, esos trazos, aunque artificiales, se convirtieron en una causa sagrada. Es una de las tantas paradojas que protagoniza la humanidad. Límites que poco antes se hubieran rechazado con buenos argumentos, empezaron a ser defendidos como si hubiesen nacido con la Creación del planeta. A partir de entonces, pues, quedaron fijos. Ya no era posible mover ni un centímetro a ninguna frontera, porque sería interpretado como agresión insultante, como violación a todo el país. Por esos centímetros pueden empujarse multitudes armadas, sea para defenderlas, sea para reconquistarlas. Las fronteras nacionales adquirieron más relevancia que el origen común de tribus que habían sido arbitrariamente divididas y ahora debían lealtad a banderas diferentes, incluso enemigas. En Europa, Alemania debía resignarse a que sus regiones orientales quedasen en manos polacas. En Medio Oriente, la mayor parte de Palestina se convirtió en el reino de Jordania, y un pedazo de Irak pasó a ser un nuevo país, Kuwait. Otro dato: la implosión de la Unión Soviética y la guerra en Yugoslavia provocaron una fragmentación de esos grandes Estados para dar nacimiento a los que contenían como federación, pero sin corrimiento de sus fronteras: Uzbekistán, Azerbaiján, Ucrania, Bielorrusia, Armenia, Georgia, Croacia, Serbia, Montenegro, Bosnia, mantuvieron los límites de antes, sólo que ahora pertenecen a Estados soberanos. En los mapas han aparecido nuevas líneas gruesas y nombres que no estábamos acostumbrados a mencionar. Reitero que no son nuevos países, sino países que deseaban independizarse, y lo hicieron apenas surgió la oportunidad.

Las fronteras que antes eran corregibles, ahora son pétreas. Se las adora como a los ídolos. Responden a la necesidad de pertenecer, de contención, de identidad. Es muy humano este anhelo. Por eso crece la categoría de comunidad. Esto se ve en muchos sitios, y es muy elocuente en Europa: la integración del continente genera al mismo tiempo un reforzamiento de las identidades regionales, locales. O dicho en otras palabras, cuando las unidades muy grandes, como la nación o el imperio, tienden a disminuir su fuerza, renace la infraestructura primordial que los griegos llamaban *koinonía*.

Tönnies diferencia *Gemeinschaft* de *Gesellschaft* ("comunidad" de "sociedad"). Opina que comunidad es "un organismo viviente" y sociedad un agregado de mediaciones de intercambio y contrato. Ante la amenaza de vivir en estado de muchedumbres solitarias, aumenta el deseo de asociarse en grupos dentro de los cuales sus miembros se reconocen. Estos grupos crean fronteras. Lo importante es que sean flexibles y porosas, que permitan el intercambio y que no generen odio al otro, sino respeto.

Contra la idolatría de las fronteras debe luchar la justicia internacional. Volvemos pues al comienzo de este capítulo.

Para una considerable porción de opiniones, las fronteras siguen siendo más importantes que cualquier otro aspecto de la condición humana. Emblematizan la soberanía. Garantizan la categoría de nación.

En muchos esta postura es honesta, pero en muchos responde a un interés cuestionable. Aducen que la justicia internacional, por digna y prestigiosa que sea, es ejecutada por seres humanos. En consecuencia, pueden caer bajo presiones diversas que los alejen de la objetividad. Por otra parte, el mundo no es una suma de países equivalentes en democracia, corrección y poder. Es más fácil perseguir al genocida de un país débil. Además, hay países que no ven con malos ojos las matanzas efectuadas por el acusado. Recordemos las dificultades que hubo para arrestar y extraditar a Milosevic.

Otro caso que movilizó frenéticamente a la prensa del mundo fue el arresto del general Augusto Pinochet en Gran Bretaña. Saltó de inmediato el tema de las fronteras. Se dijo que ese arresto violaba la soberanía chilena y birlaba a Chile el derecho de juzgar a sus propios ciudadanos. Pero en Chile el viejo dictador gozaba de poder aún, contaba con el respaldo de las fuerzas armadas y una parte del Congreso.

Era evidente que Pinochet, acusado de una gran cantidad de homicidios y desapariciones, no iba a presentarse ante los estrados de su país, aunque lo reclamasen con energía. Antes de abandonar la presidencia se había autoconsagrado senador vitalicio para gozar de fueros blindados de impunidad. La democracia se reestableció en Chile en forma lenta, precaria, condicionada, porque debía resignarse a mantener varios privilegios del antiguo régimen. No sólo resultaba imposible penalizar al ex dictador, sino que éste continuaba sosteniendo varias riendas del poder. Las medidas que inventó para protegerse evidenciaban su clara conciencia de que tenía cuentas con la justicia, y que no pensaba pagarlas.

En muchos países se aplaudió su detención. En Gran Bretaña se tenía la entusiasta expectativa de que fuese llevado a juicio. Su caso habría alcanzado valor emblemático, porque Pinochet representaba a los dictadores que tantas miserias provocaron en América latina. Pero Chile, aunque contaba con millones de ciudadanos que en lo profundo del alma rogaban para que el déspota fuese hundido en una prisión, tuvo que sacar a relucir el viejo argumento de la territorialidad. Es decir, las sagradas fronteras, la soberanía.

En esos días de tensión me pregunté si la soberanía y los derechos de la territorialidad alcanzaban para evitarle el juicio a un impulsor del odio. Me pregunté si era justo convertir la territorialidad en un instrumento de protección a los genocidas. Los límites del país al que pertenecía pasaban a convertirse en el escudo de su objetable impunidad. La soberanía se rebajaba a recurso de la escoria. Resultaba innoble. Porque las instituciones y los ciudadanos que habían sido víctimas de los abusos dictatoriales, que incluían tortura y asesinato sin juicio previo, debían resignarse.

Pensé entonces que si es imposible juzgar a los violadores de los derechos humanos en sus propios países, porque los convirtieron en su guarida, la obligación debía trasladarse al resto de la humanidad civilizada. Advirtamos que, pese a los continuos barquinazos, el mundo avanza hacia niveles superiores del derecho. En forma lenta, lo acepto, pero avanza. Primero se lograron acuerdos bilaterales, más adelante multilaterales, por fin se llega a las instituciones mundiales. Es atendible el peligro de que los gobiernos más poderosos o más irresponsables alteren el aún precario balance. Sí, pero con la ausencia de estos avances sería peor. La brújula nos indica que se debe perfeccionar el sistema de la justicia supranacional, no abandonarla.

Los genocidas no merecen gozar de impunidad. Esta convicción no debería tener retorno. La verdadera justicia no es venganza ni arbitrariedad, sino el fin de circuitos irracionales de odio y de violencia. Ningún hombre, por ninguna causa, debe ser instalado por encima de la justicia. Menos quien tuvo en sus manos la vida de otros hombres y estuvo asesorado por los voraces colmillos del odio.

Si el horror estuviese limitado al surgimiento y la acción de estos genocidas que provienen del campo predominantemente político-ideológico, sería suficiente para generar una extremada preocupación. Pero, ¡¿cuánto más grande debería ser nuestra preocupación al encontrarnos con que el mundo ha empezado a resucitar los dinosaurios del integrismo, una bacteria más virulenta aún?! El odio encuentra en el integrismo una fuente caudalosa de nuevos genocidas. En su seno habita un número de genocidas en potencia como no se encuentra en otras regiones de la condición humana. Es la nube morada de una formidable tempestad de odio, violencia e intolerancia cuyos primeros azotes ya los estamos viendo.

10. Integrismo

Se ha convertido en una mala palabra, desde luego. También "fundamentalismo", que apenas si tiene algunos matices diferenciales con integrismo. Ninguno de los dos vocablos gustan a quienes adscriben a ellos, porque desnudan su fanatismo y, en consecuencia, el abundante odio que los anima. Los integristas creen poseer una verdad absoluta y la misión de imponerla. Se basan en una fe religiosa o política que no acepta evaluaciones históricas ni críticas conceptuales. El diálogo sincero y fructífero con ellos resulta imposible.

La palabra integrismo es nueva; recién en 1966 el *Petit Larousse* la describió como "actitud de quienes rehúsan adaptar una doctrina a las nuevas condiciones". En otras palabras, no quiere adaptarse a los rasgos de la vida moderna. Tiene encono hacia la evolución y sus nuevas reglas. Anhela y elogia el inmovilismo. Es hiperconservador. Idolatra la tradición como fuente incomparable de valores. Quiere ser como las rocas, que son siempre iguales a sí mismas, siempre macizas, siempre duras.

Coinciden en su desprecio por el cuerpo y sus sentidos. Reprimen el placer como si fuese un pecado; cultivan un sostenido encono hacia el confort, la alegría y los afectos. Suponen que la vida terrenal debe ser yerma, un tránsito ímprobo y amargo, desprovisto del menor deleite. Creen que Dios sólo aprecia el sufrimiento. En realidad, no tienen conciencia de la perversión masoquista que los anima. Con abundancia de racionalizaciones pretenden justificar sus esfuerzos por convertir la tierra en un infierno para propios y extraños. No advierten que, en lugar de heraldos celestiales, son instrumentos de lo que más dicen odiar y a quien en realidad sirven: el demonio.

La palabra "fundamentalismo" empezó a utilizarse en relación a protestantes norteamericanos de comienzos del siglo XX, que predicaban "volver a los fundamentos", a las bases. De esa forma, coinciden con los demás integristas en su posición retrógrada, que ve en el pasado un paraíso al que se debe retornar. Los textos sagrados son perfectos y atemporales, exigen una obediencia literal, sin ajuste alguno. El tiempo es un accidente menor que, de ninguna forma justifica corregir o interpretar con osadía la palabra santa. De esa forma hoy en día los judíos fundamentalistas consideran un ideal maravilloso vivir como en los tiempos bíblicos, los católicos como en época de la Contrarreforma y los musulmanes como en los días del Profeta.

Pero la institución de regímenes fundamentalistas y totalitarios viene de antes. Haremos un breve y polémico viaje por el fundamentalismo cristiano, judío y musulmán, en ese orden alfabético, para evitar suspicacias.

11. La dictadura del buen pastor

Debemos recordar que Occidente tardó dieciocho siglos en acatar un firme mandato de Jesús. Poco antes de la Crucifixión, junto al procurador romano, ordenó sin medias tintas: "Dad al César lo que es del César y a Dios lo que es de Dios". En otras palabras, de un lado figuraba el Estado y del otro la religión. No deberían confundirse esas categorías, porque les hace mal a ambas. El Acta de la Independencia Norteamericana primero, y la Revolución Francesa después, marcaron el comienzo de la saludable separación entre religión y Estado, que aún tardó bastante en ser aplicada por todas las democracias.

La confusión entre religión y Estado no sólo es arcaica, sino que empantana en el autoritarismo y el abuso, por más excusas que se inventen. El integrismo necesita semejante confusión para que la fe abandone su espiritualidad y se convierta en carcelera del pueblo.

No me referiré en esta ocasión a la conocida historia del Santo Oficio y sus rasgos matrices en materia de persecución, opresión y castración mental, encubiertos por farragosas excusas que velaban el motor de fondo: voracidad por el poder (muy poco piadoso). Tampoco a la regresión fundamentalista del papa Pío X, que se asustó ante los avances sociales de León XIII y tomó varias medidas cuya lobreguez avergüenza a los católicos informados. Tampoco vale la pena detenerse en la caduca reacción de monseñor Lefèvre, en quien los progresos ejemplares del Concilio Vaticano II generaron horror. Todos esos son ejemplos de integrismo o fundamentalismo cristiano.

Pero tengo bajo la manga un ejemplo distinto, más espeluznante, que pinta los extremos a que puede llegar la conducción extremista de la fe. Quiero referirme sólo a una rama del cristianismo, porque de esa forma es más fácil homologarla con el judaísmo y el Islam, religiones que no tienen la estructura jerárquica de la Iglesia. En mi ejemplo no hizo falta que una organización tan extendida como el catolicismo romano se volcase al integrismo: alcanzó que, en una determinada región o ciudad, un fanático tomara a la vez las riendas de la fe y el Estado. Anunció lo que es ahora Irán o Arabia Saudita, o fue Afganistán.

Si visitamos la hermosa Ginebra, resulta increíble que allí hubiese podido instalarse un régimen tan asfixiante. Entre mis libros predilectos guardo *Castalión contra Calvino*, de Stefan Zweig, que describe aquel fenómeno. En él me baso ahora para sintetizar el oprobio que atormentó en el siglo XVI a una significativa parte del universo. Debemos recordar qué había ocurrido entonces —con sus cuotas de odio, crueldad y totalitarismo— porque es un cuadro sobrecogedor. Parecía el gobierno de los talibanes, sólo que en lugar de la media luna, blandía la cruz.

Vayamos al encuentro del remoto y primaveral domingo 21 de mayo de 1536.

Convocados solemnemente por toques de clarín, se reunieron los ciudadanos de Ginebra en la plaza pública y declararon con las manos alzadas que decidían vivir según el Evangelio y la palabra de Dios. Parecía un entusiasmo ejemplar. Culminaba la obra del pastor Farel, un hombre descarado, pequeño, feo, de barba roja y cabellos erizados que había inflamado al pueblo con sus discursos. Farel, antes de su victoria, había arriesgado cien veces la vida, fue corrido a pedradas en el campo, encerrado en prisión y condenado al destierro, de los que regresaba con su fuerza primitiva al frente de grupos fanatizados, dispuestos a quebrar todas las reglas. Irrumpía en las iglesias durante la misa y sacaba al sacerdote para hacer su prédica contra la abominación del Anticristo papal, mientras sus partidarios paralizaban a los fieles arrancando las imágenes que luego quemaban en las calles. Invadió los conventos y expulsó a monjas y frailes. Era un espíritu destructor y no se detuvo hasta lograr el triunfo.

Pero después no supo qué hacer. Su arrebato le permitió quebrar el orden antiguo; ahora debía edificar uno nuevo. Fue capaz de excitar el odio y romper lo existente. Pero ante las ruinas quedó perplejo. Le ocurrió igual que a otros jefes de la Reforma. En Alemania y el resto de Suiza vacilaban los nuevos líderes. Habían querido mejorar y purificar, sin llegar a la ruptura. Pero generaron la ruptura. Tampoco coincidían entre ellos, porque no sabían cómo erigir una Iglesia reformada universal que compitiera con la Católica. Wittenberg no quería aceptar la doctrina de Zurich, y Ginebra resistía la de Berna. Las querellas personales y las nimiedades teológicas dilapidaban las mejores fuerzas de Lutero, Zwinglio, Melanchton y Karlstadt. Más impotente aún estaba el primitivo Farel.

Como señala Stefan Zweig, fue una hora venturosa para Farel aquella en que por casualidad se enteró de que Jehan Calvin se detenía en Ginebra, de paso hacia Saboya. Este seco hombre de veintiséis años era veinte años más joven que Farel, pero ya gozaba de autoridad. Había nacido en Noyon, Francia, y estudiado en la severa disciplina del Colegio de Montaigu, como Erasmo de Rotterdam e Ignacio de Loyola. Se había inclinado a favor de Lutero y debió huir. Advirtió el astillamiento de la Reforma, donde se multiplicaban las tesis radicales: panteístas y ateos, fanáticos y visionarios, que tendían a descristianizar o ultracristianizar. Urgía atacar el problema de raíz y con sus conocimientos de jurista y teólogo escribió en 1535 su *Institutio Religionis Christianae*, que pronto se convirtió en una obra canónica del protestantismo. Trazaba la raya final a las arbitrariedades. Nada esencial modificaría en el futuro, ni jamás retrocedería un solo paso.

El elemental Farel lo advirtió enseguida y quedó fascinado por la energía que irradiaba el misterioso semblante de Calvino. Se sometió por completo a la dureza de sus convicciones. En los treinta años que siguieron nunca osó contradecirlo y se precipitó a obedecer todas sus órdenes. De fanático de la destrucción pasó a fanático del sometimiento. Sólo le pidió una cosa: que dominara Ginebra. El 5 de septiembre de 1536, tres meses después que la ciudadanía juró vivir según el Evangelio, se designó a Calvino "lector de la Santa Escritura", a propuesta de Farel. Nada más. Los miembros del Consejo ni siquiera habían tenido tiempo de leer su libro. De lo contrario se habrían espantado ante su idea de que "los pastores tienen que mandarlo todo, desde lo más alto hasta lo más bajo; pueden atar y pueden desatar". No imaginaban que este francés iba a ser el dueño y señor de la ciudad y que iba a establecer una dictadura teocrática.

Calvino no perdió tiempo. Presentó un catecismo con veintiún artículos que exigía obediencia al pie de la letra, sin reserva alguna. No dejó un palmo para el disenso. De diez en diez, todos los hombres fueron obligados a dirigirse a la catedral, como niños, y prestar su juramento al nuevo texto en voz alta y con la mano alzada. Quien se negaba era expulsado de la ciudad; en otras palabras, nadie podía vivir más en Ginebra si no acataba la omnímoda voluntad de Calvino. Ni Lutero ni Zwinglio ni ningún otro de los reformadores trató de acaparar el derecho al castigo. Pero la naturaleza autoritaria de este francés lo llevó a reducir el Consejo municipal a mero órgano ejecutor de sus decisiones. Como pastor, se arrogó el derecho de excomulgar, y un excomulgado quedaba civilmente muerto.

Las arbitrariedades de Calvino generaron resistencia, al principio tímidas, después osadas. Calles enteras comenzaron a murmurar contra "el vagabundo francés", "el arrogante que monopolizaba la palabra de Dios". Pocos agentes se atrevían a aplicar la pena del destierro ordenada por el implacable pastor y muchos la desobedecían regresando a Ginebra. El Consejo trató de contemporizar, pero Calvino fue pétreo: "Dios me ha dado la gracia de declarar qué es bueno y qué es malo". Sólo él podía enseñar y los otros debían obedecer. No lo conmovió que un nuevo Consejo se alzara en su contra y le recomendase, aún cortés, que prescindiera de amenazas y excomuniones. No entendía de compromisos. La lucha entre el poder civil representado por el Consejo y numerosos ciudadanos, y el poder eclesiástico representado por

Calvino pasó a la violencia. En las calles y en las iglesias chocaron espadas, y por abrumadora mayoría el Consejo ordenó el destierro del francés, la misma pena con la que él había aturdido a numerosos ciudadanos.

Ginebra pasó a ser conducida por pastores débiles. La derrotada Iglesia Católica quiso aprovechar la ocasión para recuperar terreno. El clima se volvió anárquico, hasta el punto de que empezó a crecer nostalgia por el inflexible pastor ahora recluido en Estrasburgo. ¿Tan mala era la memoria de los ginebrinos? ¿Tan inconsistente fue su repudio? No deberíamos asombrarnos: en América latina tenemos ejemplos de sobra acerca de este fenómeno. ¿No regresó Perón luego de haber sido condenado por traición a la patria, enriquecimiento ilícito, corrupción de menores, indignidad militar y otros delitos? ¿No volvieron a tener posibilidades de reelección presidentes expulsados por corrupción o ineficiencia como Collor de Melo en Brasil, Alan García y Fujimori en Perú, Bucarán en Ecuador y Menem en la Argentina?

Las primeras embajadas enviadas a conversar con Calvino llevaron preguntas suaves sobre las perspectivas de su regreso. El Consejo le escribió con respeto y en lugar de decir *"Monsieur"*, ponía *"Maître"* Calvino. La situación empeoraba en Ginebra y pronto llegó a suplicar al "buen hermano y único amigo" que aceptase tomar nuevamente el cargo de pastor. Si Calvino hubiese tenido un temperamento humilde, se habría dado por satisfecho, pero necesitaba que la ciudad se le rindiese con las manos atadas.

Cuando ya la municipalidad suplicaba de rodillas, hasta el leal Farel se impacientó: "¿Esperas que también te llamen las piedras?". Permaneció despectivo hasta que la ciudad se rebajó a prometerle obediencia absoluta. Ginebra lo recibió como a un conquistador. Vencido y blando como cera, el Consejo reactivó los temibles edictos de antaño. Este hombre enjuto convertiría la ciudad en el primer Estado de Dios sobre la Tierra: "una *res publica* sin grosería, sin corrupción, desorden, vicio ni pecados". El déspota se consideraba piadoso y su fortaleza de metal derivaba de sus rígidas convicciones.

La Reforma había comenzado con un movimiento de libertad espiritual. Quiso poner el Evangelio a disposición de cada ser humano. Pero condujo a la dispersión teológica y la fractura de la moral. Contra ello, en vez de la ortodoxia pontificia, Calvino estableció la ortodoxia reformada. Se erigió en un juez cuya opinión derivaba del Señor y planeaba por encima de todos, incluso de los reyes.

En este hombre tenebroso y cruel lo sensual estaba reprimido. Su cuerpo era tan yermo como su rostro. Su único hijo falleció a los pocos días de nacer, luego quedó viudo. Con esto dio por terminada su aventura familiar. Pero, sometido a autoexigencias demoníacas, fue atacado por dolores de estómago, de cabeza, cólicos, enfriamientos, hemorragias, litiasis biliar, carbunco, ataques de nervios, reumatismo y dolores de vejiga. Los médicos tenían que vigilar ese cuerpo quebradizo, que contenía el alma más obstinada del universo. "Mi salud es igual a una muerte constante", escribió.

Se ocupaba de todo: administración, guerra, diplomacia, servicios secretos, propaganda, sermones. Vigilaba a los pastores de otros países, discutía con los jefes protestantes, daba consejos a estudiantes y teólogos. Su pesada mano controlaba el planeta. Su propia disciplina, despiadada, era el modelo que debían seguir todos los ciudadanos, era el núcleo de lo que se llamaría "la ética calvinista".

El hombre debía perseverar en el temor al Señor, y sentirse agobiado por su humana insuficiencia. Calvino estableció que la alegría y el goce eran pecados. Todo lo superfluo respondía al Demonio. En el ritual debía excluirse aquello que complacía los sentidos. Un buen cristiano no debía ser distraído por la belleza: pinturas, esculturas, ornamentos, libros de misa, tabernáculos, todos eran ídolos abominables. Dios no necesitaba ningún esplendor, sólo importaba su palabra. Tampoco se admitía la música profana; hasta las campanas tenían que guardar mucho silencio. De un plumazo borró los días de fiesta del calendario, con la excepción de Pascua y Navidad.

Para este saqueo de la dicha aplicó la rienda de su *Discipline* y encerró a su rebaño con los alambres de espino de las *Ordenanzas*. Creó su propia policía llamada *"Consistorio"*, cuya función era vigilar a la comunidad. Fundió lo público y lo privado en una concepción totalitaria extrema. Era el equivalente cristiano de la *sharía* musulmana. Prefiguró a los talibanes y a quienes desean imitarlos.

Nada debía escapar a la observación de la autoridad cívico-religiosa. No sólo "vigilar las palabras que se dicen, sino también las opiniones e ideas íntimas". Fue más allá que la Inquisición, que sólo actuaba ante denuncias. Para Calvino no hacían falta las denuncias, porque cada cual era sospechoso de pecado y debía someterse a la vigilancia purificadora *avant la lettre*. A cada momento, de día y de noche, podían llamar a la puerta para realizar una *visitation*. Del más rico al más pobre tenía que someterse a los husmeadores profesionales. Se los examinaba como niños a ver si sabían de memoria las plegarias y debían explicar por qué no concurrieron a una prédica del *Maître*. Los visitadores no se conformaban con hacer preguntas, sino que manoseaban los vestidos de las mujeres para determinar si eran demasiado largos o breves, si tenían excesivos adornos o un corte sensual. Observaban si sus cabellos se organizaban en un peinado provocativo y contaban los anillos de sus dedos. En la cocina observan si había platos que superaban el simple valor nutritivo, porque no se permitía el goce de golosinas ni mermeladas. En los hogares que poseían libros controlaban si alguno tenía grabado el sello de la censura. Revolvían los arcones por si habían escondido una imagen, cometiendo pecado de idolatría.

Los hijos eran interrogados sobre la conducta de sus padres y los sirvientes sobre la de sus patrones. La policía también escuchaba en las calles, no fuera a ser que alguno canturrease una canción profana. No estaba permitida ninguna forma de satisfacción y, desde luego, eran castigados en forma severa quienes jugaban a las cartas o los dados. Durante los domingos los sabuesos se aplicaban a detectar a quien prefería dormir en vez de escuchar a Calvino. En la iglesia, a su turno, ya estaban apostados quienes registraban a los que llegaban tarde, vestían demasiado bien, sonreían, se distraían.

Las prohibiciones asfixiaban.

Prohibido estaba el teatro. Prohibidos los recreos y las fiestas populares. Prohibidos el baile, la música y hasta un deporte inocente como patinar sobre hielo. Prohibido todo traje que no fuese monacal; ningún sastre se atrevía a innovar sin autorización, porque estaba prohibida la ropa con bordados, los botones llamativos y los broches. Prohibido el uso de joyas. Prohibidas las fiestas de familia con más de veinte personas. Prohibido que en los bautismos y los casamientos se sirviesen más que un número modesto de platos. Prohibido brindar y comer pasteles. Prohibido al natural del país entrar en una posada y prohibido que el posadero suministrase manjares o bebidas a un forastero antes de que hubiera realizado su oración. Prohibido imprimir un libro sin permiso. Prohibido escribir para el extranjero. Prohibidas las manifestaciones artísticas que no sean supervisadas, ya que el arte tienta a la idolatría y la concupiscencia. Hasta cuando se cantaban los Salmos debía prestarse más atención a la palabra, no a la melodía. Prohibido imponer a los niños nombres que no figurasen en la Biblia. Prohibido rezar el Padrenuestro en latín. Prohibido reír en público.

Y prohibido cometer el crimen de cuestionar la dictadura de *Maître* Calvino.

Basta hojear los protocolos del Consejo para comprender el refinamiento de la intimidación perpetua. Un ciudadano sonrió durante un bautismo: tres días de prisión. Otro, fatigado por el calor del verano, se durmió durante la prédica: cárcel. Unos trabajadores comieron pasteles en el almuerzo: tres días a pan y agua. Dos ciudadanos jugaron a los bolos: cárcel. Otros dos jugaron una damajuana de vino a los dados: cárcel. Un violinista ciego tocó su instrumento: destierro de la ciudad. Un hombre elogió la traducción de la Biblia realizada por Castalión: destierro. Una mujer desesperada se arrojó en el sepelio sobre la tumba de su esposo: citación, amonestación y penitencia. Unos aldeanos hablaron de sus asuntos al salir de la iglesia: cárcel. Dos barqueros tuvieron una pelea sin que nadie fuese muerto en ella: pena capital. Un impresor de libros insultó a Calvino estando ebrio: le atravesaron la lengua con un hierro candente y luego fue desterrado.

En las posadas se registraban los baúles de los forasteros, por si traían algo que dañase las buenas costumbres. Se revisaban todas las cartas que llegaban o salían de Ginebra. Espías a sueldo también vigilaban las regiones vecinas, sus botes, diligencias, mercados y posadas para detectar riesgos. En torno a Ginebra se había tendido un cordón sanitario, preludio del Muro de Berlín.

El régimen que confundía religión y Estado, vida pública y privada, espiritualidad y política, no sólo debía imponer un calabozo al país, sino su aislamiento. Y ejercía el terror. El terror es la fuerza que se mofa de todo sentimiento humanitario y paraliza mediante el pánico sostenido. Socava cualquier resistencia, devora las almas, castra la razón. Un régimen de terror es capaz de realizar milagros, de unificar voluntades, de persuadir sobre su gloria, de confundir a propios y extraños, como después lo hicieron los totalitarismos del siglo XX. Hace creer que le asiste la justicia, que opera para el bien común. Pero establece un luto perpetuo. Y una incertidumbre que roe el alma. Calvino confesó que prefería castigar a un inocente a que escapase un solo culpable. Balzac escribió que el terror religioso impuesto por ese hombre fue más terrible que la orgía de sangre desatada por la Revolución Francesa. Aplicaba azotes, horcas y hogueras *preventivas*, como ahora Fidel Castro realiza fusilamientos *preventivos* para desalentar a quienes pretenden huir de la isla.

Una bruma gris se extendió por toda Ginebra. Se apagaron los colores, no sonaban las campanas, jamás se oía una canción. Las posadas se desertificaron, las alamedas se caían de tristeza. El desnudo recinto del templo reunía los domingos a seres taciturnos, abatidos, que ya no caminaban sueltamente, no se miraban a los ojos, no se atrevían a ser cordiales por miedo a una falsa interpretación. Por doquier acechaban espías y delatores voluntarios. Lo más importante era que nadie se fijase en uno. Había que pasar desapercibido, no llamar la atención ni por la vestimenta, ni por la voz, ni por el semblante animado. Los ginebrinos preferían permanecer encerrados en sus casas, tras cerrojos y paredes que algo protegían.

Como afirma Zweig al término de su impresionante descripción, gracias a esos letrados y teólogos que implantaron el fundamentalismo calvinista, durante dos siglos Ginebra no produjo ni un pintor, ni un músico, ni un artista, ni un pensador de fama universal. La creatividad fue sacrificada para que hubiera obediencia absurda a un Dios que hablaba por la boca resentida de quienes detentaban el poder. "Y cuando por fin, pasando el tiempo, volvió en esta ciudad a nacer un artista, éste no será, durante toda su vida, sino una perenne rebelión contra lo que oprimía la personalidad; sólo en la figura de su más independiente ciudadano, sólo en Jean Jacques Rousseau, creará Ginebra al opuesto polo espiritual de Calvino".

* * *

Antes de cerrar este capítulo corresponde añadirle una apostilla.

Trescientos años antes de Jehan Calvino había surgido una voz cristiana opuesta. Era el epígono de otros dos gigantes recientes: el judío Maimónides y el musulmán Averroes. La época luminosa de Dante Alighieri y Francesco Petrarca. Me refiero a Marsilio de Padua (1275-1342).

En Europa gruñían los volcanes con el hervor de herejías, y contra ellas se acababa de establecer la Inquisición. Al poco andar el papa Inocencio IV adoptó el instrumento de la tortura como medio lícito para arrancar confesiones. También en esa época se redobló la lucha del pensamiento libre contra el absolutismo teocrático. Visto en perspectiva, era fascinante.

Marsilio fue un precursor del mundo moderno porque afirmó con argumentación rigurosa que existe una verdad fundada en la razón y otra en la fe. Llegó a criticar el carácter oligárquico y peligroso de la estructura pontificia y propuso que, desde el Papa hacia abajo, todos los clérigos fuesen designados por el pueblo, porque el pueblo es el único detentador de la soberanía comunitaria. Esa tesis lo hace merecedor al título de visionario en materia de laicismo. Quienes ahora lo estudian opinan que se destacaba como teórico de la política y representaba el empuje de los grupos mercantiles y protocapitalistas de las repúblicas italianas del norte, en especial los gibelinos. Su carrera alternó éxitos y fracasos. Estudió medicina en Padua y llegó a ser rector de La Sorbona, en París. Con Juan de Jandún redactó su provocativo tratado *Defensor Pacis*, que impulsaba la doctrina de la tolerancia, desconocida por entonces. Confiere al Estado la tarea de mantener la ley, el orden y la tranquilidad pública; explica su concepto de soberanía popular, y afirma que el pueblo tiene el derecho inalienable de escoger a sus gobernantes.

La obra fue denunciada como hereje —no podía esperarle otro destino— y el papa Juan XXII la condenó sin haberla siquiera leído, según dicen. Marsilio comenzó entonces su interminable huida, porque se multiplicaban las órdenes de captura por todas las ciudades. No obstante las críticas, el libro generaba tanto debate subterráneo que fue traducido al italiano y el francés. Marsilio, tras una travesía de los Alpes, llegó a Nuremberg, donde consiguió la protección de Luis IV de Baviera. Luego fue apoyado por

Guillermo de Occam, impulsor de la tolerancia religiosa; Occam afirmaba, en coincidencia con Marsilio, que no se puede descartar la salvación aun sin fe cristiana: "Si Dios lo dispone, podría salvarse quien sólo tuviera la recta razón como vía".

Marsilio de Padua llegó a sostener que la paz, fin y razón de la existencia del Estado, se encontraba amenazada por la voracidad de poder que corrompe a las teocracias. Su doctrina de la soberanía popular demostraba que el clero debía estar sometido a la supervisión de la sociedad humana, incluso para servir mejor a Dios. Como demuestra Isidro H. Cisneros en su libro *Los recorridos de la tolerancia*, el Estado laico propuesto por Marsilio hace tantas centurias es la única garantía para el establecimiento de un orden político justo, humano, tolerante, ya que el poder religioso no pertenece a este mundo y, por lo tanto, se funda en la fe y no en la razón. El Estado laico es el primer antídoto contra los venenos del integrismo, inevitablemente adicto al desprecio y al odio de los diferentes.

12. Fundamentalismo judío

El resurgimiento de un antisemitismo —impúdico y retrógrado— dificulta el estudio de las tendencias fundamentalistas que también se dan entre los judíos. Ocurre que el antisemitismo tiende a exagerarlo, y quienes repudian el antisemitismo tienden a quitarle importancia.

Para comprender mejor este fenómeno debemos partir de la incómoda singularidad que caracteriza a los judíos. No los hace mejor ni peor, sino diferentes. Esta singularidad determina que hasta el día de hoy no haya acuerdo sobre quién es judío, por ejemplo.

Durante mucho tiempo se los identificaba con su religión. Pero no les basta convertirse a otra para dejar de ser judíos. Las conversiones forzosas realizadas en España resultaron en que se los calificase "cristianos nuevos", una forma de seguir discriminándolos. El nazismo consideraba judío a un cualquier cristiano que hubiese tenido un remoto antepasado judío; para los nazis no importaba la religión, desde luego, sino la raza.

Pero, ¿son una raza?, ¿qué es una raza? Detengámonos un instante, porque el tema importa en el caso judío, pero más importa en una dimensión universal.

La raza, como concepto que adquirió nefasta potencia, ha llevado a exageraciones y prejuicios, con enrevesados fundamentos que ahora a la ciencia le causan risa. Hoy en día la noción de raza no resulta útil ni a la biología ni a la sociología, porque las diferencias genéticas son mínimas, a menudo despreciables y objeto de una incesante y creciente hibridez. La cultura constituye un factor mucho más importante y decisivo a la hora de determinar la conducta y el estilo de vida de un determinado grupo. Con evidente superficialidad se había apelado a rasgos morfológicos externos (color de la piel, tipo de cabello, forma de la nariz, de los párpados, de los labios, del cráneo). Pero el análisis genético refuta semejante visión, frívola y miope. Las presuntas razas se entremezclan y generan formas intermedias. Como asegura el genetista de Oxford Brian Sykes en su libro *The seven daughters of Eve*, "no existe base genética de ningún tipo para una clasificación étnica o racial". En tono de broma añade: "Siempre me preguntan si hay un ADN griego o uno italiano, pero no los puedo encontrar...". Un artículo del *New England Journal of Medicine* lo apoya, categórico: "El concepto de raza es irrelevante", aunque se puedan encontrar enfermedades que predominan en ciertos grupos; en esos casos hay que investigar la influencia de las dietas, el medio ambiente y otros factores que no son fijos ni eternos. En su *Mapping Human History*, Steve Olson asegura que "la investigación genética está ahora poniendo fin a la prolongada desventura que contenía la pueril idea de raza".

Volviendo a los judíos, es quizás uno de los conglomerados con mayor cantidad de mezclas, debido a las agresiones que sufrieron durante siglos y que incluían la violación sistemática de sus mujeres. Los rasgos étnicos judíos son una falacia, porque entre ellos aparecen todos los rasgos imaginables (basta recorrer el Museo de las Diásporas, de Tel Aviv, para obtener una prueba irrefutable). Entre los judíos se arraigó el concepto de que es judío quien tiene una madre judía. Tiene lógica, porque tras los pogroms era imposible enterarse sobre quién violó a quién; los delincuentes antisemitas de diversos orígenes se fugaban después de prender fuego a las miserables aldeas o los derruidos guetos. Los chicos que nacían nueve meses más tarde tenían madre judía y, en consecuencia, familia judía. Esta norma matrilineal provenía de la Edad Antigua, en la que prevalecía el criterio de "madre cierta y padre incierto"; sólo que entre los judíos adquirió mayor justificativo por las razones recién evocadas.

Si no son una raza ni una fe, ¿qué son? Hace siglos se los empezó a llamar "una Nación". Pero esa palabra no tenía entonces el significado actual (conjunto vasto de individuos que comparten su pasado y su futuro en torno a mitos, leyendas y tradiciones que proveen un sólido marco de referencia). Era un término fuerte que pretendía englobar sus especificidades. En las áreas donde más se leía la Biblia, los judíos eran objeto de ambivalencias: por una parte se estudiaba y admiraba su pasado y por la otra se despreciaba su presente. A partir del siglo XVIII se comenzó a usar otra palabra, "pueblo", menos ambiciosa. Pero, ¿qué es "pueblo"? La palabra suena a un estadio menos preciso que el de nación. "Nación" sería el pueblo que tiene conciencia de sí. ¿Los judíos tenían conciencia de sí? Por supuesto. Como después explicó Sartre, judío es quien se siente tal porque otro lo califica de esa forma. Hasta avanzado el siglo XIX, era muy difícil ocultar el origen judío; desde afuera se lo decían sin rodeos, como insulto, como advertencia, como descalificación.

Algunos estudiosos, mareados por las dificultades, optaron por afirmar que los judíos constituían una cultura. Volvemos a las preguntas: ¿qué es una cultura?, ¿por qué esta palabra sería mejor que las otras?

Lo cierto es que constituyen un fenómeno único —difícil de etiquetar, de comparar, hasta irritante— como dije al principio. Tienen un pasado y un futuro que los une, además de mucha historia, tradiciones y peripecias compartidas. Estas características constituyen un acervo admirable, pero también un caldo de cultivo para fraguar el odio. Son una presencia curiosa, a veces espectral, inquietante. Es la comunidad más antigua de Occidente y ha logrado mantener vivos sus recuerdos y tradiciones con una tenacidad sin paralelo. Los judíos hablan de los patriarcas que vivieron hace cuatro mil años como si fuesen sus tíos. Sufrieron, además, la opresión más larga y perseverante de todas las que tuvieron lugar en el curso de dos milenios. Pese a los embates genocidas, lograron sobrevivir, lo cual significa para muchos algo inquietante. Siempre fueron un conglomerado pequeño, minoritario, indefenso y, pese a semejantes desventajas, lograban recuperarse. Expulsados de su territorio ancestral, mantuvieron una patria portátil, que son sus libros; se convirtieron en el "pueblo del Libro" no sólo por ser los protagonistas de las Sagradas Escrituras, sino por mantenerlas activas en el corazón. Sus lugares de plegaria, llamados "sinagogas", no son casas de Dios, sino casas de la comunidad, donde además de rezar se discuten los problemas comunitarios. Lograron organizar un cuerpo de leyes que les permitió mantener su funcionamiento grupal en las buenas y en las malas. Frente a los ataques enemigos, en vez de transformar el dolor en una venganza imposible orientaron esa energía empapada en lágrimas hacia la creatividad. Durante siglos se empeñaron en cultivar el debate, incluso con el Todopoderoso, que se les convirtió en una presencia familiar, íntima. Desarrollaron una frenética solidaridad y aprendieron a sostener la esperanza aunque la realidad objetiva fuese trágica. Usaron el humor autocrítico para lamer sus heridas. Esas virtudes no se veían desde afuera, claro, pero sirvieron luego de la Emancipación inaugurada en el siglo XVIII para que ascendieran atronadoramente en las artes y las ciencias.

Cuando parecía que terminaba su sufrimiento, resucitaron las manifestaciones judeófobas. La más notable fue el *affaire* Dreyfus, nada menos que en la Francia que había proclamado la igualdad, libertad y fraternidad. Ese acontecimiento provocó el irrefrenable desarrollo del movimiento sionista, que venía incubándose en las masas oprimidas de Europa oriental. Era el movimiento nacional que pretendía "normalizar" al pueblo judío en un Estado propio, donde fuese mayoría y no tuviese que seguir humillado y genuflexo.

El sionismo fue laico desde la cuna y tuvo una mayoría socialista hasta varios años después de la independencia de Israel. No era viable el fundamentalismo en su seno. Los sectores religiosos ortodoxos se opusieron a él, porque lo consideraron sacrílego: la redención del pueblo judío debía quedar en manos de Dios, no de los hombres. El primer Congreso Sionista convocado por Theodor Herzl no pudo realizarse en Munich por la oposición de sus rabinos y debió sesionar en Basilea, en 1897. Después de un tiempo, sólo el rabino Cook y la organización religiosa Jabad apoyaron la legitimidad del proyecto sionista. Eran excepciones. Pero la mayoría ortodoxa lo combatió. Los actuales antisionistas celebran ahora a esa ortodoxia, y hasta la califican de sensata (la Autoridad Palestina designó ministro de Asuntos Judíos a un rabino perteneciente a este sector reaccionario). Ahí, sin embargo, radicaba el germen del fundamentalismo judío. No aceptaban el proyecto sionista porque era laico y humanista, porque era moderno y les iba a quitar poder, porque afirmaba que las masas oprimidas se liberan cuando luchan para conseguirlo, no cuando esperan resignadas la venida del Mesías. Esa ortodoxia era un estupefaciente que ordenaba seguir vencidos, encerrados.

En esa época ya había judíos exitosos en diversos campos sociales, pero estaban lejos de constituir *lobbies* o ser atendidos por los poderosos. Contra ellos fermentaba un desprecio latente o franco; a menudo se consideraba que el apego de los judíos a la Biblia y el Talmud era una manifestación de su barbarie.

Los sionistas, espoleados por los ideales de la Ilustración, soñaban con forjar un Hogar judío modelo. Repetían que de Sión saldrá la luz y el conocimiento de Jerusalén. Estaban seguros de que su iniciativa no sólo beneficiaría a los judíos, sino a los demás países de la zona y el mundo. No querían conflictos, sino concertación de apoyos. La colonización pionera, que ya se venía realizando en Tierra Santa en forma espontánea, y había engrosado el número de judíos que en forma permanente vivieron allí desde la Antigüedad, especialmente en Jerusalén y Galilea, adquirió nuevo impulso con la Organización sionista. Se constituyeron fondos para forestar los desiertos, abrir rutas, construir ciudades, levantar *kibutzim*, tender redes de educación, fundar universidades e institutos científicos, abrir teatros y establecer orquestas filarmónicas donde antes sólo había camellos, cabras, vacío y una quieta resignación. Tierra Santa empezó a renacer con el trabajo y la esperanza de los sionistas. Según el censo oficial del Imperio Otomano (año 1882) vivían 142.000 musulmanes en toda Siria Meridional (como se llamaba entonces a Palestina, que incluía también a la actual Jordania), y los sionistas intentaron desarrollar lazos fraternales con ellos. El país estaba despoblado, como describieron Mark Twain, Pierre Loti y otros audaces viajeros que recorrieron la región durante el siglo XIX. Después de la Primera Guerra Mundial ya tenía peso la comunidad judía y hubo un encuentro entre el rey Feisal, el más alto líder árabe de entonces, y Jaim Weizman, presidente de los sionistas, para sellar un pacto de amistad y colaboración; el rey dijo que el proyecto sionista servía de modelo y estímulo a las reivindicaciones nacionales de todos los árabes.

Las tierras donde se instalaron los *kibutzim* y otras granjas eran previamente compradas a sus dueños, nada se les "quitaba" a los árabes desperdigados en pequeñas aldeas. Algunos de los antiguos propietarios eran ricos *effendis* que vivían en Damasco o Beirut. Se procedía con la máxima cautela no sólo por razones humanitarias y legales, sino porque los judíos tenían conciencia de su extrema indefensión y pobreza de aliados.

Después del desmembramiento del Imperio Otomano, Francia y Gran Bretaña se repartieron el Medio Oriente. Francia se quedó con Siria y el Líbano, Gran Bretaña con Siria Meridional e Irak. Los sionistas reclamaban Siria meridional, que era la tierra de la Biblia. Se la empezó a llamar "Palestina". Esa palabra fue utilizada por Theodor Herzl en su revolucionario libro *El Estado judío.* Y varios nacionalistas árabes de Siria, molestos por la escisión del territorio, afirmaron que "Palestina es un invento sionista".

En realidad los judíos se referían siempre a Tierra Santa como *Eretz Israel* (la Tierra de Israel), pero cometieron el error de avenirse a usar la palabra "Palestina" en otros idiomas, aunque su origen era muy cuestionable. La había acuñado el emperador Adriano para borrar el nombre de "Judea", así como también había decidido cambiar el nombre de Jerusalén por *Aelia Capitolina,* con el único propósito de acabar con las rebeliones y reivindicaciones judías. "Palestina" (*Phalestina* en latín) era la angosta franja que habían ocupado los filisteos, un pueblo llegado desde Creta y que fue vencido e incorporado completamente a Israel por el rey David mil años antes.

Ahora existe una impresionante confusión, porque Tierra Santa o Eretz Israel o Palestina son nombres de un territorio habitado por árabes y judíos. En puridad, no son "palestinos" únicamente los árabes, sino igualmente los judíos. Esto puede resultar asombroso, pero bastaría repasar un poco de historia para entenderlo completamente. Ocurre que la existencia del Estado de Israel ha dado lugar a que el otro Estado (que esperemos se constituya a la brevedad) se llame Palestina. La nueva entidad nacional y estatal es la árabe, no la judía, porque ésta, además de sus pergaminos históricos, es anterior y terminó de forjarse con la reconstrucción del país.

La superposición de culturas, nacionalidades y religiones allí es proverbial y genera errores de magnitud.

Debemos advertir que el país despertó de su letargo con los ideales del sionismo, que se nutrían en la ilustración, la modernidad y el socialismo democrático. Nada de fundamentalismo. Los pioneros cultivaban la historia y se esmeraban en descubrir los lazos con el entrañable pasado vivido en esa tierra, donde hubo tres Estados judíos independientes con Jerusalén de capital (él único Estado no judío fue el reino de los Cruzados). La arqueología se convirtió en un hobby. Se impulsó el fenómeno lingüístico de resucitar el hebreo cotidiano, que hasta esa época funcionaba como lengua sagrada; es uno de los logros más impresionantes de la cultura, porque consiguieron transformarlo en un instrumento que los liga con su deslumbrante pasado y sirve para las complejidades de la vida actual. Para eso la Biblia pasó a ser una obra de consulta diaria, que no sólo proveía léxico, anécdotas y ética, sino que permitía descubrir antiguos caminos, fuentes de agua, y retomar el contacto con la fauna y flora de cada palmo de terreno. Entre las ambiciones más notables estaba el desarrollo científico y cultural: mucho antes de la Independencia se inauguró la Universidad Hebrea de Jerusalén, el Instituto Científico de Rehovot, el Tecnión de Haifa, la Orquesta Filarmónica, el teatro Habima y una vasta red de escuelas. El yermo se convertía en vergel. Hasta ese momento, como dijimos, todavía nada de fundamentalismo.

Este impulso de la modernidad, no obstante, fue mal visto por los sectores ultraconservadores del país, tanto por los judíos ortodoxos, como por la oligarquía árabe. Comprendieron que impulsaba hacia la democracia, la igualdad de la mujer, el pensamiento crítico, la libertad de expresión, todos ellos un veneno para su supervivencia. Los judíos ultraortodoxos se mantuvieron encerrados en los guetos y la oligarquía árabe, liderada por el *mufti* Haj Amín El Husseini —luego amigo de Hitler—, organizó una serie de ataques contra las poblaciones judías. Encendió el odio contra los judíos y provocó la ruptura del clima armónico que se había pretendido mantener.

Pese a ello, Palestina prosperaba a un ritmo superior al de las regiones vecinas. El Foreign Office estaba sorprendido por las largas columnas de sirios y egipcios que emigraban hacia Palestina, atraídas por las oportunidades de trabajo y mejor retribución que obtenían de las flamantes empresas y colonias judías. Muchos árabes que se dicen "palestinos" eran inmigrantes que se radicaron en el país, igual que los judíos.

Pese a lo que había deseado el rey Feisal, el movimiento nacional árabe no llegaba a tener la fuerza del movimiento nacional judío. Gran Bretaña comprendió que los judíos lucharían por la independencia y, en consecuencia, a poco de iniciar su Mandato le amputó dos tercios del territorio, todo lo que estaba al este del río Jordán, para constituir el reino hashemita de Transjordania, donde no había permiso para la radicación judía, y que sería su base eterna en Medio Oriente. Al mismo tiempo, comenzó a poner trabas a la inmigración de judíos. El movimiento sionista se dividió entonces entre quienes pretendían mantener una política amistosa y persuasiva con la potencia colonial y quienes consideraban que no había otro recurso que hacerle la vida imposible hasta que entregara el país.

Durante la Segunda Guerra Mundial este conflicto interno fue muy doloroso, porque se consideró prioridad combatir el nazismo y apoyar a la hostil metrópolis. Pero cuando terminó la guerra y se tuvo noticias concretas sobre el Holocausto, predominó la decisión de impulsar la independencia a cualquier precio. Los judíos ya habían soportado la más horrible prueba a que hubiese sido sometido cualquier otra comunidad humana y tenían derecho a

tener un puerto propio, máxime cuando, a pesar del Holocausto, el mundo seguía retaceándoles refugio a los espec-
trales sobrevivientes. Tuvo lugar una doble epopeya. Primero, conseguir que Gran Bretaña abandonase el país.
Segundo, vencer a siete ejércitos árabes dispuestos a "arrojar todos los judíos al mar". Fue la tenacidad acumulada
durante centurias y una desesperada voluntad de vivir la
que otorgó la victoria a esa pequeña comunidad, que entonces no disponía de un tanque ni de un avión.

El flamante Estado tuvo que pasar por ímprobas dificultades: recibir los sobrevivientes del Holocausto que necesitaban rehabilitación física y mental, acoger a centenares de
miles de judíos expulsados vengativamente por los países
árabes, mantener la vigilancia de sus largas y frágiles fronteras, racionalizar los alimentos, el agua y la luz, continuar
con la educación y lograr que el país fuese lo más normal
posible. El primer gobierno de Israel demostró que había
madurado en ese pueblo su proyecto de nación. En consecuencia, tomó en sus manos el monopolio de la fuerza, disol-
viendo a los muchos grupos armados judíos que hasta entonces habían luchado por la misma causa, tanto de izquierda
como de derecha (un ejemplo que la Autoridad Palestina no
supo o no quiso imitar). También intentó incorporar a todas
las franjas de la población; pese al franco predominio socialista, no se excluyó a los religiosos, que por entonces eran
apenas el diez por ciento del conjunto. El error consistió en
hacerles demasiadas concesiones, que comprometen el carácter laico de la sociedad; se confundieron tradiciones nacionales con tradiciones relativas a la fe. Es una asignatura pen-
diente de la democracia israelí.

Hasta el presente existen pequeños grupos ultraortodoxos que no reconocen al Estado y prefieren esperar la ac-

ción del Mesías. Pero son cada vez menos. El Estado ha sido generoso con ellos, les brinda completa libertad y hasta provee subsidios para sus academias.

El fenómeno fundamentalista apareció en los últimos años, con el establecimiento de colonias en Cisjordania y Gaza. Esto necesita cierta explicación, que proveeré en pocos renglones.

Las fronteras de Cisjordania y Gaza nunca fueron motivo de reconocimiento internacional, porque respondían a las líneas de cese del fuego establecidas después de la guerra de 1948-49, en el precario Armisticio logrado por Israel con sus beligerantes vecinos. Durante los diecinueve años posteriores estuvieron ocupadas por Jordania y Egipto. En esas dos décadas ningún líder árabe local o extranjero insinuó nunca que Cisjordania y Gaza fuesen convertidas en un Estado palestino. Gaza fue administrada por Egipto y usada como pista de lanzamiento de ataques *fedayines* a las poblaciones de Israel. Cisjordania fue anexada por Transjordania con tanto desparpajo que cambió su nombre por el de Jordania, ya que ocupaba ambas márgenes del bíblico río. Cuando en 1967 se produjo la anunciada Guerra de los Seis Días, en que por fin se barrería del mapa a Israel, ocurrió una suerte de milagro. Israel venció a Egipto, Siria y Jordania. La guerra no fue contra los árabes de Palestina, sino contra esos países hostiles. Y las tierras que se ocuparon, no eran sino las que habían pertenecido a esos países.

Se impuso entonces otra lamentable confusión.

Los israelíes consideraban que habían liberado Jerusalén, Cisjordania y Gaza, ilegalmente usurpadas por Transjordania y Egipto luego de 1948. Los árabes jamás habían aceptado firmar la paz ni reconocerle fronteras permanentes a Israel. En consecuencia, ese tema era un asunto a discutir con vistas a la paz definitiva. El ofrecimiento que hizo Israel luego de la victoria para sentarse a negociar una solución fue rechazado en la Conferencia de Khartún, Sudán, celebrada ese mismo año. La conferencia culminó con los célebres y arrogantes Tres No: No reconocer, No negociar, No hacer la paz con Israel.

Israel vivía obsesionado por su endeble seguridad. El acoso había sido diario hasta entonces. Siria, desde las alturas del Golán, había hecho imposible el trabajo y la vida en torno al lago de Galilea. Desde Egipto y Jordania entraban asesinos con el aval de sus gobiernos. Nadie había podido mirar hacia Jerusalén Este por encima del muro divisorio sin correr peligro de recibir un balazo; estaba prohibido a los judíos visitar el Muro de los Lamentos. El país podía ser cortado en dos a la altura de Natanya, donde sólo había dieciséis kilómetros entre el mar y el territorio enemigo. Además, luego de la Guerra de los Seis Días reinaba la euforia por haber recuperado la parte antigua de Jerusalén y otros lugares de profundo significado nacional como las tumbas de los patriarcas en Hebrón.

Los árabes de Cisjordania y Gaza fueron considerados árabes de Palestina, no *palestinos*, porque palestinos también se consideraban los judíos, como dijimos antes. Recordemos que Palestina era sinónimo de *Eretz Israel* (Tierra de Israel), era el nombre impuesto por los romanos para evitar decir "Judea" después de haber aplastado sus empecinados levantamientos. Ya señalamos que deriva de *Phalestina*, el país de los filisteos, pueblo que terminó integrado a Israel en los tiempos de David y Salomón. En 1920 los nacionalistas sirios protestaban: *"Palestina* es un invento sionista". Las ciudades árabes de Cisjordania figuraban en la Biblia con nombres hebreos. Pero después de la Guerra de los Seis Días el gobierno israelí determinó que las mezquitas y lugares sagrados musulmanes fuesen administrados por funcionarios de esa religión y se mantuvo en sus puestos a los alcaldes árabes de todas las aldeas y ciudades de la Franja de Gaza y Cisjordania. La relación con los palestinos fue buena y empezó a mejorar la calidad de vida en los territorios hasta mediados de los 80, pese a los atentados que perpetraban organizaciones terroristas que no contaban con el aval mayoritario de su pueblo.

El error de la dirigencia israelí, no obstante, consistió en no comprender que los árabes de Cisjordania y Gaza formaban un pueblo que iba definiendo su identidad propia. Los sufrimientos padecidos a partir de la guerra desatada por los Estados árabes en 1948, que significaron la pérdida de tierras y hogares, a los que se agregaba la miserable vida en campamentos de refugiados y la prohibición de integrarse en otros países, excepto Jordania, desplegó una mística redentora. Los judíos no eran peores que sus anteriores ocupantes, pero no eran sus hermanos. Los árabes podían aprender de ellos y podían beneficiarse trabajando en sus empresas o instituciones, pero representaban el Otro. Israel tardó en darse cuenta de que no podía mantener eternamente una ocupación de territorios habitados mayoritariamente por otro pueblo, aunque a sus habitantes se los proveyese de autonomía.

Los israelíes tampoco tuvieron la lucidez —como yo había soñado en mi novela *Refugiados, crónica de un palestino*— para dirigirse a los árabes de los territorios ocupados y explicarles que eran socios eternos del mismo país, al que debían compartir. No tuvieron la grandeza de enfatizar que ambos pueblos habían sido víctimas de la misma e innecesaria guerra propiciada por Gran Bretaña y desatada por seis Estados vecinos, más la complicidad de varios otros, que frustró el nacimiento de un Estado árabe en Palestina. Si esos Estados hubieran acatado la Partición votada por la Asamblea General de las Naciones Unidas en noviembre de 1947 —celebrada con júbilo por los judíos—, habrían surgido a la vez un Estado judío palestino y un Estado árabe palestino, como correspondía a ambos pueblos. No se habrían generado los refugiados ni habría corrido tanta sangre, lágrimas y odio.

Los israelíes estaban concentrados en su angustiada defensa contra el mar de Estados árabes y musulmanes que ansiaban hacerlo desaparecer, le impusieron un feroz boicot económico y llenaban de piedras su labor en las organizaciones internacionales. Con notables excepciones, gran parte de los israelíes no advirtió que en los territorios ocupados crecía una nueva identidad nacional, que empezó a llamarse "palestina". Ni siquiera reconocieron la paradoja de que esa identidad imitaba los pasos que habían dado en su momento los mismos sionistas. Suponían que el problema se resolvería logrando la paz con los Estados árabes ya constituidos. Cuando no se pudo negar la nueva, firme y evidente identidad nacional palestina, creyeron ingenuamente que bastaría con darles un gobierno autónomo, como el otorgado en España, por ejemplo, a Cataluña y el País Vasco. Al firmarse la paz con Egipto, el premier israelí, Menahem Begin, y el presidente egipcio, Anwar el Sadat, acordaron avanzar hacia dicha autonomía. Pero a los palestinos no les alcanzaba, como no les hubiera alcanzado a los judíos durante el Mandato británico.

Mientras el conflicto entre los árabes de Palestina y los israelíes seguía incubándose, continuaba la indecisión sobre el futuro de los territorios ocupados. Había quienes pensaban que se debían corregir las fronteras para darle más seguridad a Israel y el resto podría ser otorgado a una entidad árabe independiente. El Movimiento "Paz Ahora" de Israel impulsó con masivas concentraciones y millones de adherentes un avance hacia la solución definitiva, inclusive negociando con las organizaciones terroristas árabes.

Pero surgió la corriente judía de Gush Emunim, que consideraba legítimo revivir los años gloriosos de la colonización pionera que puso las bases del Estado. Tomaba como misión cultivar, forestar y fundar ciudades en los páramos de Cisjordania y Gaza. Se diferenciaban de los pioneros sionistas iniciales por ser religiosos practicantes y basar su derecho en las promesas de la Biblia, no en el realismo político. No eran fundamentalistas plenos, sino que pisaban su antesala. El fundamentalismo pleno apareció poco después con Meier Kahane, un rabino que unía hipernacionalismo con ortodoxia. Uno de sus discípulos, Baruj Goldstein, llevó sus fanáticos ideales a un punto que generó la profunda indignación de Israel y el mundo entero: una mañana ingresó en la mezquita de Hebrón y asesinó a decenas de orantes. Su actitud era una felonía imperdonable a las fuertes tradiciones de su pueblo, que no cesan de celebrar la vida. El partido de Kahane fue puesto fuera de la ley y el mismo rabino, que había ganado una banca de diputado, no fue admitido en la *Knéset* (Congreso). Su proyecto pretendía hacer una transferencia de la población árabe a los países vecinos y que la Tierra de Israel, tal como describe la Biblia, se extienda desde el Jordán al Mediterráneo. A esta línea pertenece el asesino del premier Itzhak Rabin, que reprodujo el asesinato del Mahatma Gandhi por uno de los suyos, pero fanático.

La pretensión de negar los derechos de la otra parte, recordémoslo, es la misma que manifiestan varias corrientes palestinas, sólo que al revés.

Por su carácter de minoría, excepto Israel, no es posible que el fundamentalismo judío crezca hasta imponerse sobre las corrientes racionales y moderadas. En Israel tampoco, porque el ochenta por ciento del país sigue siendo secular. Además, ha probado que pese a los acosos incesantes y el clima de guerra, en más de cincuenta años no ha disminuido el vigor de su democracia. Advirtamos una suerte de ley sociológica: democracia y fundamentalismo son incompatibles.

13. El Islam encadenado

El relativismo cultural y el ético plantean un desafío de proporciones ante la aparición del fundamentalismo islámico, que en la actualidad es el más notable. Su fuerza —expresada en los últimos tiempos por la creciente adhesión a una *sharía* sin matices y por el uso de la extorsión que implica asesinar civiles inocentes a mansalva— fue al principio objeto de negligentes sonrisas por parte de quienes no sufrían sus efectos. Pero ahora se comprende que el problema requiere un análisis descarnado y acciones inteligentes, responsables. Es un nuevo factor que propulsa más guerras, más genocidios, más odio. Vuelve a correr la sangre que pide más sangre, vuelve a desenfrenarse la voracidad de la diosa Athor-Sejmet.

Hace varios siglos, después de la batalla de Lepanto, el Islam había dejado de ser una amenaza para Europa. Esto determinó que mentes lúcidas como la de Goethe hayan sorprendido a sus lectores con el elogio a la religión y la cultura inauguradas por Mahoma. Y que estudiosos de diversas latitudes recordasen los aportes del Islam a la civilización, en especial en Al Andaluz, donde se construyó el puente dorado entre la Antigüedad y el Medioevo y entre el Este y el Oeste. Allí convivieron productivamente, desde el siglo XI al XII, los tres monoteísmos. No hubo libertad religiosa en el sentido moderno, porque tanto judíos como cristianos eran *djimmis*, es decir ciudadanos de segunda a los que se les permitía practicar su culto a cambio de discriminatorios impuestos. Pero constituyó un oasis para la época. El Islam dio buenos ejemplos hasta en las guerras, cuyo paradigma fue el caballeresco sultán Saladino.

Para contrapesar sus aspectos belicosos, intolerantes y regresivos, debe tenerse en cuenta su vuelo moral, poético y erótico. La lista es extensa: en Persia surgieron coloridas pinturas y los versos de Omar Khayam, *Las mil y una noches* en una Bagdad de maravillas, el audaz Averroes nació en España y el médico Avicena trabajó en Ispahan. Los sufíes recorrieron vastas regiones de Asia y el norte de África, mientras inspirados arquitectos levantaron obras insignes desde la India hasta el Atlántico. Abundaron filósofos, gramáticos y soñadores. Son pruebas de la diversidad que también puede florecer bajo esa cultura, a la que es incorrecto condenar como fuente exclusiva de opresión e intolerancia.

Al Islam le sucede lo mismo que a las demás religiones. Sus libros sagrados, sus figuras más amadas y sus símbolos pueden ser dirigidos para fines ajenos a la espiritualidad que predican. La religión, por su intensa carga de identidad y afecto, es un poderoso instrumento para la manipulación de la gente. Algunos líderes, mediante la seducción, la intriga y hasta la amenaza se erigen en voceros de Dios. En parte son meritorios, pero varios bordean la enfermedad mental. El abanico fue y sigue siendo muy ancho, con franjas de santidad y perversión que no siempre se distinguen. Buen número de estos líderes se convierten en inspiradores, cómplices o forzados acólitos de las tiranías. Ponen su fe al servicio de ambiciones que no la benefician. Karl Marx tomó un chiste de Heinrich Heine y difundió por el mundo su agobiante máxima: "La religión es el opio de los pueblos". Ese apotegma se aplica como nunca en el caso del fundamentalismo.

Es droga, por cierto, cuando se la emplea para embotar la crítica, para imponer la resignación, para empujar a innecesarias guerras. ¿No es inmoral hablar en nombre de Dios? Dios no va a desmentirlo. Considerarse dueño de interpretaciones irrefutables no sólo es arrogancia, puede ser locura.

Los homicidas-suicidas musulmanes, llamados *shahid* (mártires) —monstruosa creación de las últimas décadas— violan preceptos del Corán, como afirman sus mismos eruditos. Pero como hay países donde se los celebra como mártires o héroes, millones de musulmanes han caído en una abismal confusión. Los fundamentalistas "iluminados" torcieron el brazo de estudiosos honestos para hacerles aceptar que tanto el secuestro de inocentes como el suicida que mata a civiles en forma desprolija y masiva es bien visto por Alá. Deforman la Escritura, apoyándose en las porciones que les conviene, para satisfacer su odio, su ignorancia, sus delirios.

El terrorista suicida es una nueva arma de extraordinario poder. Equivale a la aparición de la dinamita, el tanque, el bombardero y las armas de destrucción masiva. Una secuencia espantosa. Hoy, sin embargo, nada es más peligroso que un individuo de aspecto inocente que lleve bajo sus ropas una carga que en algún momento puede llegar incluso a ser nuclear. Ese solo individuo podría barrer del mundo a una ciudad entera. Urge tomar conciencia sobre la dimensión de semejante peligro. Aunque nos parezca imposible combatirlo, existen medios a los que se debe recurrir. Es un tema que no podemos soslayar. Sobre esto diré algunas cosas.

El homicida-suicida no actúa por iniciativa propia, sino como excepción. Responde a una organización terrorista llena de odio que lo entrena, motiva, premia a su familia, y le indica en forma exacta cuándo y adónde debe ir para hacerse volar. Por lo tanto, la lucha debe apuntar a estas organizaciones. Y hacerlo en forma decidida.

La tendencia al suicidio aparece con frecuencia entre los jóvenes. En algunos países aparecieron epidemias contagiosas de diversa duración. Se vincula con la inestabilidad emocional, carencias afectivas o el anhelo de la heroicidad romántica nutrida por impulsos narcisistas. No es nuevo. En la antigua Grecia llegó a tal nivel que determinó la toma de medidas categóricas. Lo cuenta Plutarco en sus *Obras morales*.

"En cierta ocasión —dice— un terrible y extraño mal de origen desconocido se apoderó de las doncellas de Mileto. La conjetura más común era que el aire había adquirido una contaminación extraña e infecciosa que les producía alteración y confusión mental. Les sobrevino, en efecto, un repentino deseo de morir y un loco impulso de ahorcarse, y muchas se ahorcaron sin ser advertidas. De nada servían las palabras ni las lágrimas de los padres, ni los consuelos de los amigos, sino que, burlando la vigilancia y toda la habilidad de sus vigilantes, se daban muerte. El mal parecía ser de origen divino y superior al remedio humano, hasta que por consejo de un hombre sensato se publicó una propuesta: que las ahorcadas fueran llevadas desnudas por el ágora. Una vez sancionada la propuesta, no sólo retuvo a las jóvenes, sino que éstas dejaron por completo de darse muerte."

El ejemplo puede ser útil en la actualidad. Y lo planteo con énfasis: si de veras el mundo quiere poner fin al peligro de los terroristas suicidas, que las Naciones Unidas tengan el suficiente coraje para dejar de ser un grotesco foro de gobiernos hipócritas y ordenen que, en todos los países-miembro y en todos los casos, se humille a quienes cometen esos atentados criminales, como lo hicieron con lucidez hace 2.500 años los sabios de la Grecia antigua. Hoy son mirados con indulgencia por algunos y ensalzados por otros; es el alimento que necesitan para reproducirse hasta el Apocalipsis. Seamos sinceros: ningún pueblo, país o causa es dignificado por el terrorista suicida, porque con su acto realiza tres crímenes a la vez: contra su vida, contra la de los inocentes que mata y contra su causa, a la que envilece. ¿Qué esperamos para ponernos de acuerdo en una condena maciza y universal?

Formulo con seriedad esta idea sobre la orden que deberían impartir las Naciones Unidas a sus miembros. No es una audacia gratuita, sino resultado de la preocupación que merece un peligro extremo. Y la necesidad de encontrarle un eficaz remedio. Por otra parte, brindaría un beneficio ulterior: desenmascarar a los gobiernos y organizaciones cómplices de la nueva y espantosa arma que se nutre en el odio y el desprecio por la vida.

Para cerrar el tema de los terroristas suicidas, me remito a una porción del libro *Shahidas, les femmes kamikazes de Palestine*, de Barbara Victor, quien ha realizado una investigación fecunda y peligrosa. Denuncia que en Cisjordania y Gaza, bajo control de la Autoridad Palestina, reinan la impotencia y el odio. Su gente sólo culpa a los israelíes por su desgracia y no razona que a la sangrienta Intifada la desencadenaron sus propias autoridades. En la televisión los dibujos animados muestran cómo los niños mueren bajo las balas israelíes y después renacen en el paraíso. Un día, en una escuela de Gaza, la escritora preguntó quiénes desean convertirse en *shahids* (mártires) y todos los chicos levantaron la mano. En las colonias de vacaciones los niños cantan consignas de odio, juegan con falsos cinturones de explosivos y Kalashnikovs, y se ejercitan con las piedras; sueñan con estar muertos a los veinte años. Los líderes islamistas dicen haber encontrado la mejor de las armas, porque ellos no le temen a la muerte, y los judíos y cristianos sí. Pero la más fuerte conmoción que genera su libro se concentra en la historia de las mujeres que se autoinmolaron para matar la mayor cantidad de personas.

Wafa Idris, una muchacha palestina de veintiséis años, se hizo explotar en el centro de Jerusalén; no sólo perdió su vida, sino que mató a un civil israelí e hirió a treinta personas. Se convirtió en la primera mujer mártir. Yasser Arafat había congregado a un centenar de mujeres en su cuartel general de Ramallah y subrayó la importancia de que las mujeres también den su vida y su sangre para la causa. "Las mujeres y los hombres son iguales —clamó—. Ustedes son mi ejército de rosas que aplastará a los carros israelíes." Y agregó: "¡*Shahidas*, hasta Jerusalén!". Era la primera vez que esta palabra se usaba en femenino, porque hasta ese momento las mujeres no tenían acceso al estatus de mártir. Después del suicidio de Wafa el movimiento Al Fatah sintió algo de vergüenza y no sabía cómo reaccionar, pero cuando advirtió la aprobación de la calle, su brazo armado, las Brigadas de Mártires Al Aksa, fue a ver a su familia, y les pidió que en vez de llorar se alegrasen por el ejemplo que acababa de dar esa joven a otras mujeres. Los dirigentes fundamentalistas de Hamás y Jihad emitieron una *fatwa* en la que autorizaban a las mujeres a quitarse la vida en este tipo de atentados.

El hecho, celebrado como heroico por los dirigentes adultos (que evitan inmolarse y mandan a otros a hacerlo), tiene poco de elogiable. Estremece la secreta historia de las mujeres que deciden matarse. Barbara Victor tuvo la habilidad de introducirse en el lúgubre laberinto de las motivaciones profundas. Veamos algunos ejemplos que indignan hasta la médula.

Wafa Idris había perdido a su bebé y pensaba que ya no podría concebir. La familia de su marido la había obligado a divorciarse, no podía volver a casarse y no ganaba dinero. Regresó a su familia como una carga económica y emocional. Le aconsejaron matarse para aliviar su hogar e ir al paraíso.

Ayat al-Akhrás se hizo explotar para salvar el comprometido honor de su padre, acusado de haber colaborado con los israelíes. Le hicieron entender que su sacrificio purgaría el manchado honor de la familia.

Tamimi era una madre soltera y el pecado no tenía perdón. Allí ni existe la alternativa de huir y rehacer la vida en otro sitio. Estaba condenada, así como toda su familia. La única forma de lavar su honor —le explicaron— era inmolándose. En el paraíso la esperaba un marido puro y el amor de Alá.

Barbara Victor también interrogó a las jóvenes que fueron arrestadas antes de cometer el crimen. Informa que Shireen, una niña de quince años, le dijo que no sabía con exactitud qué estaba por hacer. "Parecía divertido." Shireen es una muchacha que no tenía amigas, se sentía desdeñada y frágil. Uno de sus tíos le propuso convertirse en mártir y le prometió una vida animada y hermosa en el paraíso.

Con respecto a las madres de las *shahidas* que la autora pudo entrevistar, testimonia que están profundamente desgarradas. La madre de Darine Abou Aícha no salía de la desesperación porque no había conseguido retener a su hija. La madre de Wafa Idris no podía contener la lágrimas, aunque los líderes extremistas le exigían ocultar sus sentimientos. Las madres son siempre madres, aunque el contexto las obligue a una inhumana resignación.

Los fundamentalistas roen al Islam desde adentro, igual que el nazismo royó y pervirtió la *Deutsche Kultur*. Es tan grave el daño ya infligido que a un alto número de musulmanes le resulta muy difícil segregarse de los psicóticos volcados al terrorismo, de la misma forma que a la mayoría de los alemanes le costó repudiar a los asesinos y perversos que arruinaban su nación mediante consignas irracionales.

La impúdica discriminación de la mujer llegó en Afganistán a superar a la de Irán. Afirmaban los talibanes que los ayatolas de Irán eran "demasiado permisivos" y tenían la indecencia de dejar que se vean los ojos femeninos y algo de su cara. El régimen lunático del mullah Mohamed Omar había ordenado una pureza más rigurosa: ocultar esas pupilas, párpados y pestañas con rejillas de tela. Las mujeres no podían ser otra cosa que fantasmas. Se les prohibió trabajar, estudiar, salir de sus casas sin el acompañamiento de un pariente varón, recibir la misma atención médica de un hombre. Si cometían adulterio, eran enterradas hasta el cuello y sus cabezas reventadas a pedradas o perforadas por un balazo cuando predomina la clemencia (norma que sigue vigente en varios países, pese a que pertenecen con voz y voto a las Naciones Unidas, la Unesco y la Comisión Internacional de Derechos Humanos).

Claudio Fantini describe en *Los dioses de la guerra* cómo los talibanes saltaron a sus jeeps y volaron a cumplir la más absurda de sus misiones. Sabían que el enemigo no respondería a sus disparos. Estaría inmóvil, como siempre, y recibiría cada impacto con el mismo silencio con el que atravesó los siglos. Caería sin aullidos de dolor. No iba a retorcerse en el suelo, ni manaría sangre. Iba a estallar en mil pedazos, hasta convertirse en escombros. Sería una montaña del tiempo ejecutado por el designio de teólogos estrafalarios, que habían impartido una orden clara: matar estatuas, convertir en polvo las deidades que adoran los infieles. Abrieron fuego contra los inmensos Budas tallados en los acantilados amarillos de Bimayán. No les importaban sus dimensiones impresionantes, ni que fuesen únicos en el mundo. Luego se dirigieron al museo de Kabul y los templos de Herat, Kandahar y Jalalabad para que toda piedra que daba forma a la palabra de los Vedas se redujese a añicos. Tomaron por asalto las viejas pagodas y todos los edificios relacionados con creencias anteriores a la palabra del Profeta. Ya se ocupaban de eliminar la música, ya habían quemado todos los instrumentos. Sólo el silencio y el ruido de los disparos y los motores debía acompañar la voz triste de los minaretes. Tampoco dejaron escapar el maléfico cine: no les bastó con cerrar salas o convertirlas en escombros, sino que hicieron arder kilómetros de celuloide en las esquinas y las plazas. En suma, decidieron borrar la historia, porque ofrecía peligros. Decretaron eliminar los tiempos en que el Hindu Kush formó parte del imperio de los Aqueménidas, hacer desaparecer las huellas de Alejandro Magno y los símbolos del reino macedónico de Bactriana, también las huellas de los hunos y el paso de los mongoles liderados por Gengis Khan.

Respiremos...

Y sigamos ahora.

Dentro del Islam no todo es homogéneo. Además de sus divisiones tradicionales, hay una lucha intracultural que se manifiesta apenas aún, y puede llevar a escisiones tormentosas. Por empezar, no todos los musulmanes son terroristas ni quieren declarar la guerra a la modernidad. La mayoría padece confusión y distorsión. La culpa no es sólo de sus sectores fanatizados. Hay comunicadores occidentales sometidos a la imagen que los fundamentalistas han dibujado de sí mismos, presentándose como víctimas, que los autorizan a cualquier locura. Es asombroso con qué facilidad Occidente ha comprado el producto falso del "fundamentalista víctima".

Los líderes del fundamentalismo no son pobres ni están desesperados. Provienen de familias ricas y usan a los pobres y desesperados para beneficio de sus ambiciones de poder o de sus delirios místicos. Aspiran a un islamismo universal radicalizado que someta al planeta entero. Son epígonos de las utopías comunista y nazifascista, sólo que intensamente activadas por el componente religioso, ciegamente retrógrado y asesino. La *jihad* —como demuestra Bernard-Henri Lévy en su libro sobre el asesinato del periodista Daniel Pearl— es un negocio. A la inversa de lo que suponen seguidores ingenuos, Osama Bin Laden no ha gastado su fortuna personal en la causa. La *jihad* es una mafia, una red de extorsiones a escala planetaria. Incluye blanqueo de dinero en Dubai, impuestos sobre la droga en Afganistán, trampas financieras y especulaciones en las principales Bolsas del mundo, recaudaciones entre los musulmanes de todos los países con propaganda clandestina y presiones diversas, reclutamientos en Pakistán, Arabia Saudita y otros países, mantenimiento de instituciones de beneficencia como fachada, pero que en realidad interesan para ganar poder.

El escritor egipcio Gaber Asfour se refiere a un "Islam de los ríos" y un "Islam del desierto". El primero, el que prosperó a orillas del Nilo, en Damasco y junto al Tigris y el Éufrates, sería tolerante, abierto, impulsor de la ciencia, las artes y dispuesto a incorporar los beneficios de la modernidad. Su contrario, el Islam del desierto, considera a Occidente la encarnación del mal y a la mujer fuente de tentación y pecado. El Islam de los ríos tiende hacia una interpretación más libre y rica del Corán y los Hádices del Profeta. La vertiente del desierto, en cambio, se enclaustra en la versión literal, yerma, sin matices, ni metáforas, ni reflexión. Es la que impulsó el wahabismo instalado ahora en Arabia Saudita y que nutre a Bin Laden y a las diversas organizaciones terroristas.

Introduzcámonos bajo la piel de un creyente sincero, espiritual. Si es una persona equilibrada, debería hervir de indignación al escuchar que en nombre del Islam se asesina a mujeres, niños, ancianos y trabajadores de diversos orígenes y creencias, incluidos correligionarios… para gloria de Alá. Debería hervir cuando se los intitula mártires, porque no lo son; los auténticos mártires son los inocentes asesinados por el enloquecido homicida. Debería hervir al escuchar que a esos criminales se los festeja como héroes, porque tampoco lo son; en realidad son insensatos agentes de la destrucción, el odio y la muerte, que atacan a traición. En cambio debería pensar que héroes son aquellos que se arriesgan a frenar al asesino y hacerle abortar su misión destructiva. A estos in-

fieles seguramente sonríe Alá. Debería hervir al enterarse de
que muchos predicadores convocan a la guerra santa para sostener regímenes corruptos y opresivos, teocracias mezqui-
nas, presidencias hereditarias.

Para bien del Islam y del mundo se necesita la multiplicación de las escasas voces de creyentes responsables que
condenan el desvarío de los fundamentalistas, como los que
representa el imán Zacarías Najab de la novela *Asalto al
Paraíso*. Valientes que logren poner en claro que esos fundamentalistas son para el Islam como los nazis para el pueblo de Alemania: lo enloquecieron y arrastraron hacia la
conquista de glorias utópicas. Los nazis produjeron un contagio masivo, como las epidemias medievales. Llegaron a
convencer de que oponerse a ellos era ser un enemigo de la
nación y sus sagrados derechos. De la misma forma, con
otras palabras, los fundamentalistas islámicos inculcan que
el Islam debe enfrentar al mundo hostil, recuperar el honor que Occidente le ha quitado y sembrar el terror para
que lo respeten y admiren.

Los fundamentalistas se sienten agredidos de la misma
forma en que los fundamentalistas cristianos de los Estados Unidos se sienten agredidos por la sociedad y el Estado
liberal. Es su propia esclerosis interna y su temor a sobrevivir lo que desencadena semejante paranoia.

¿Acaso el Islam no es respetado en Occidente? Se han
construido mezquitas de todos los tamaños, algunas muy
bellas, en incontables ciudades de los cinco continentes. El
Islam puede ser enseñado y practicado sin restricciones.
Hay curiosidad por su teología, ritos, cultura, hábitos. Se
invita a sus clérigos y eruditos a participar de los diálogos
interreligiosos.

En contra de estas evidencias, entre los musulmanes se

sigue insistiendo en que el mundo pretende exterminarlos. El mito es más fuerte que la verdad. Salman Rushdie lo ha bautizado "islamismo paranoico", y la ponzoña del fundamentalismo no sólo se multiplica en los países con mayoría musulmana. Hay ejemplos de sobra y me limitaré a uno, bien documentado, con sede en Gran Bretaña. En la mezquita de Finsbury Park, en el norte de Londres, con absoluta impudicia mil fieles se reunieron para celebrar el primer aniversario de las masacres cometidas el 11 de septiembre en los Estados Unidos. El imán de la mezquita es el egipcio Abu Hamza y sus mensajes convocan al odio y el combate armado. La *jihad* es universal, sostiene. En esa mezquita fue adoctrinado y convertido el británico Richard Reid, llamado luego "el terrorista del zapato", porque intentó hacer volar un avión lleno de pasajeros con la carga disimulada en uno de sus tacos. Abu Hamza no ha sido arrestado aún y sus inflamados discursos contra judíos, americanos, rusos, británicos, españoles y otros infieles se difunden sin impedimentos. Tampoco ha sido arrestado Omar Bakri Mohammed, que predica la guerra santa "contra cruzados y judíos" —según acuñó Al Queida—, formuló amenazas contra dos ministros británicos y justifica todos los atentados suicidas, empezando por el que destruyó las Torres Gemelas. Estos predicadores de la muerte disponen de sofisticadas redes de comunicación y de una enorme libertad para recolectar fondos y adoctrinar jóvenes que se convertirán en suicidas-asesinos: la misma libertad que procuran secuestrarle al mundo. También en Gran Bretaña se formó Omar Sheik, el anglo-pakistaní que planeó y ejecutó la muerte del periodista Daniel Pearl. ¿No es tiempo de poner fin a este irresponsable asilo de fanáticos radicalizados que desenfrenan ríos de odio y planean masacres?

Para bien del Islam debe ponerse en marcha esta iniciativa y otras que vayan más lejos aún: estimular la democracia en todos los países donde predomina el Islam. La democracia no es su enemiga, sino la garantía de su ejercicio civilizado. En agosto de 2003, Reporteros Sin Fronteras (RSF) se indignó por la pena de muerte dictada en Afganistán contra dos periodistas acusados de "blasfemia": Sayid Mahdavi y Alí Reza Payam habían denunciado que el carácter retrógrado del Islam practicado en su país se debía a que lo utilizaban con fines políticos mezquinos.

Para bien del Islam, debe auditarse con más rigor la ayuda que se brinda a países donde esa religión predomina, porque muchos jefes corruptos se las arreglan para poner afuera la culpa de la miseria que padecen sus pueblos, y se guardan en el bolsillo la parte del león.

Para bien del Islam, debe condenarse en forma universal y unánime, con energía, todo uso y abuso de la religión para asuntos que nada tienen que ver con ella, en especial los asesinatos de civiles.

Para bien del Islam, es deseable que el pequeño sector moderado y lúcido que ahora apenas se ve, se arriesgue a empujar entre sus correligionarios la revolución interna, espiritual, que hizo prosperar a Occidente. Siguiendo su rica tradición, desde luego, pero también aprovechando valiosas experiencias externas.

Ahora vamos a examinar el combustible que se asocia al integrismo de cualquier color, sea cristiano, judío, musulmán y hasta hindú. Así como el integrismo proviene de cavernas arcaicas, este combustible también existió antes, pero nunca logró el angustiante nivel actual. No tenemos derecho a ignorarlo.

14. El combustible de las migraciones

Algunos atribuyen gran parte de la exacerbación de antiguos odios religiosos y étnicos al renovado fenómeno de la migración. Es cierto. Por esa razón lo vamos a tratar con la crudeza que merece. Brinda esclarecimiento y también eriza los pelos. Preparémonos para varios cimbronazos.

Las migraciones de la segunda mitad del siglo XIX y la primera mitad del XX estuvieron determinadas por la pobreza que afligía a muchos países de Europa, Medio y Extremo Oriente. A partir de las vísperas de la Primera Guerra Mundial el movimiento se incrementó de forma desproporcionada. Creció una nueva y oprobiosa entidad llamada "refugiados". Su crecimiento no cesó desde entonces por diversas causas: reacomodamiento de poblaciones en los Balcanes, Guerra Civil Española, políticos, intelectuales y judíos que fugaban de Alemania, Austria y a continuación de todos los países invadidos por el nazismo. Hacia el fin de la Segunda Guerra Mundial no sólo se podía contabilizar la muerte de más de 50 millones de personas, sino además decenas de millones de refugiados. Nuevas heridas se abrieron con las luchas para terminar con el período colonial y conseguir la independencia de casi todos los países de Asia y África. Los éxitos vinieron acompañados de tragedias, porque las emancipaciones soñadas provocaron marchas forzosas, algunas complicadas por rivalidades internas como las ocurridas en la India al enfrentarse sus comunidades musulmanas e hindúes, que condujeron a la partición del país y un monstruoso intercambio de nada menos que ¡16 millones de personas!

Desde que estalló el conflicto de los Balcanes, en vísperas de la Primera Guerra Mundial, hasta el año 1960, se produjeron en el mundo 150 millones de refugiados; es decir, hombres, mujeres y niños forzados a abandonar su hogar. Una magnitud desconocida por la historia hasta ese momento.

La catástrofe empezó con los cien mil turcos que a partir de 1913 debieron dejar su terruño de Macedonia y Tracia. Millares de griegos, por su lado, debieron huir de Turquía. En el verano de 1915 las autoridades rusas que aún respondían al Zar deportaron ciento cincuenta mil colonos alemanes de Volinia. Ese año se produjo el genocidio que exterminó a un millón y medio de armenios radicados en Turquía y determinó la fuga desordenada de los abrumados sobrevivientes. El sorpresivo establecimiento del Estado soviético causó júbilo, pero también dolor, porque un millón y medio de refugiados políticos tuvo que fugar a la disparada. Entonces la Cruz Roja pidió la creación de un Comisariato para Refugiados. Se designó para tan urgente misión al famoso investigador polar noruego Fridjof Nansen, luego Premio Nobel de la Paz. Su tarea enjugó lágrimas en determinados sitios, pero no logró impedir que se llegase a la expulsión de 600 mil griegos y de un millón de turcos que alguien calificó, eufemísticamente, "intercambio de poblaciones", como si se tratara de un trueque de hacienda. A esa lista se deben agregar doscientos mil búlgaros y varias minorías europeas y mesorientales.

Antes de que Hitler desencadenase la Segunda Guerra Mundial y el Holocausto, su régimen de acero y odio ya había producido cuatrocientos mil refugiados entre judíos, intelectuales, artistas y políticos que no tenían un puerto donde desembarcar. A ellos se sumaban los trescientos sesenta mil españoles que lograron escabullirse de la carnicería que fue la Guerra Civil.

La mayoría de los refugiados fueron finalmente instalados en nuevos hogares y arduamente consiguieron reiniciar su vida, a menudo en ambientes nunca explorados por su imaginación. Las injusticias cometidas no podían borrarse, pero sí obtener alguna reparación que les consolase el alma. Una excepción de consecuencias enormes fueron los seiscientos cincuenta mil árabes palestinos que huyeron durante la guerra que llevó a la independencia de Israel (cuatrocientos setenta y dos mil según el informe del mediador de las Naciones Unidas). Muchos fueron a campos especiales que, en lugar de operar como sitios de transición, se convirtieron en cárceles "humanitarias" de las que costaba salir y donde se les suministró litros de odio antijudío como alimento cotidiano. Su suerte fue distinta a la de los millones de refugiados de otras latitudes por varios factores. Uno que no se debe dejar de mencionar fue la obstinada negativa de los países árabes huéspedes —con la excepción de Jordania, que se anexó la Franja Occidental— a permitirles integrarse. Esos países árabes —Egipto, Siria, Transjordania, Líba-

no, Irak y Arabia Saudita— desobedecieron la Partición votada por la Asamblea General de las Naciones Unidas el 29
de noviembre de 1947, invadieron el territorio poblado por
judíos y desencadenaron la guerra en el Medio Oriente, como hemos demostrado más arriba.

Provocaron la catástrofe de sus hermanos de Palestina,
a quienes pretendían ayudar. Seguramente ni iban a permitir la constitución de un Estado árabe independiente, sino que se hubiesen repartido el territorio, como lo hicieron con lo que les quedó. Debemos insistir en esta verdad
histórica para desgarrar la cortina de mitos que sólo genera odio y obstruye la solución. El secretario general de la
Liga Árabe, Azzam Pashá, había anunciado que el nacimiento de Israel sólo tenía una respuesta: "guerra de exterminio". Era una ilusión bastante realista, desde luego, porque los israelíes —como ya se dijo— no contaban entonces
con un solo tanque ni un solo avión, y ningún país aceptaba venderles armas porque iban a ser derrotados y no habría quién pagase las facturas. Mejor esos países ahorraban
el dinero para brindar asilo a los miles de refugiados judíos
que iba a provocar el desigual enfrentamiento.

Los Estados árabes, por lo tanto, con su agresión a la pequeña comunidad judía aferrada al país que habían recons-
truido, frustraron la creación de un Estado árabe palestino
en los territorios que le habían asignado las Naciones Unidas, y que hoy celebraría más de medio siglo de existencia.
Los judíos en cambio, habían bailado en las calles para celebrar esa ecuánime solución internacional, que estaban decididos a obedecer en todas sus cláusulas.

Lo pasmoso para los ejércitos árabes fue que los israelíes
ofrecieron una resistencia impensada. Los judíos perdieron
en esa guerra un diez por ciento de su exigua población. Era

como si hubiesen muerto tres millones y medio de argentinos o treinta millones de norteamericanos. Fue una amputación brutal que se sumaba a las recientes masacres efectuadas por los nazis y sus aliados. Además,.el flamante y pobre país tuvo que abrir sus puertas a los espectros del Holocausto. Y enseguida a los ochocientos veinte mil judíos que los Estados árabes expulsaron de sus territorios como venganza, previamente anunciada por el embajador de Egipto en la Asamblea General de las Naciones Unidas: "Si se acepta la partición de Palestina, correrán peligro un millón de judíos en los países musulmanes". A menos de un lustro de la Segunda Guerra Mundial, sin miramientos, casi todos los países musulmanes concretaban el sueño hitleriano de convertirse en *Judenrein* (limpios de judíos). Mientras, los ricos países petroleros árabes, que no saben qué hacer con sus monumentales excedentes, sólo arrojan migajas a los palestinos que dicen amar; los mantienen en la pobreza para que se nutran de odio y ataquen a Israel, cuya modernidad es la verdadera amenaza que quita el sueño a las elites teocráticas, reaccionarias y dictatoriales-populistas encaramadas en el poder. Sólo envían dinero para abrir escuelas coránicas y dejan que Occidente, en especial Europa, se encargue de brindar ayuda para las obras vinculadas con el bienestar social y el desarrollo productivo.

El planeta ingresó en una relativa paz demográfica a partir de los años 50. Aunque imperaba la Guerra Fría y estallaban conflictos de luciferina crueldad —las guerras de Corea y Vietnam, entre otras—, las migraciones masivas se iban esfumando como pesadillas de otra época.

América —en especial los Estados Unidos y la Argentina— lucía la medalla de haber sido el continente de la inmigración. Europa, en cambio, aparecía como el conjunto que exportó la mayor cuota de emigrantes. Tampoco había desplazamientos significativos dentro de la misma Europa o de América. África y Asia protagonizaban vuelcos copernicanos al emerger de la etapa colonial y, tras los duros sacudones del alumbramiento, sus habitantes no optaron por la fuga, sino que esperaban un futuro mejor. En otros términos, ese combustible de odio y racismo que es el fenómeno migratorio estaba lejos de abundar.

Hasta que en los 60 comenzaron a aparecer los *Gastarbeiter*, trabajadores huéspedes, en particular en Alemania y Suiza, países necesitados de mano de obra barata. Los trabajadores transitorios cubrían las tareas menos sofisticadas del acelerado crecimiento. No provenían de otros continentes, sino de las regiones meridionales de la misma Europa: Italia, España, Grecia, Portugal, Turquía. Tras algunos años muchos volvieron a la patria, otros se quedaron. La operatoria sonaba razonable, inocente, y hasta era vista como una respetable compensación entre ricos y pobres. Pero cuando en los países meridionales también se corrigieron fallas crónicas de organización política y social, se enangostaron las columnas de gente que partía hacia el Norte. Los *Gastarbeiter* pasaron a ser cosa del pasado, pero la situación no regresó al estado original porque millares de trabajadores transitorios se convirtieron en permanentes. Los trabajadores extranjeros —una suerte de nuevo proletariado— se constituyó en un fenómeno estable que cambió el paisaje urbano y cultural. Pronto los europeos meridionales fueron sustituidos por africanos y asiáticos. Se puso en marcha una ciclópea rueda: vastas regiones del planeta expulsaban y otras, más pequeñas y ricas, atraían.

Una novedad fue el arribo de latinoamericanos. Antes sólo habían aparecido en Europa los ricos, los profesionales o los miembros de la clase media. Eran un lugar común las leyendas de sus farandulescas estadías en Roma, Madrid, París, Berlín y París para "tirar manteca al techo". Pero golpes militares sucesivos provocaron una dramática novedad: la fuga de gente altamente calificada, con poco o ningún dinero. Científicos, artistas, políticos y periodistas de fuste recibieron asilo en Europa, Estados Unidos, Canadá y Australia, no sólo por solidaridad ante el infortunio que significaban los golpes de Estado y su secuela de persecución, torturas y asesinato, sino porque eran considerados un aporte valioso. Aunque entre estos refugiados había irresponsables, pícaros y delincuentes, la mayoría no decepcionó a sus benefactores.

En los años 90 la fuga de latinoamericanos se incrementó por razones que ya no estaban ligadas únicamente con la política. Era una noticia que partía el alma, porque luego de recuperarse la democracia en casi todos los países del continente y poner en ejecución programas que parecían destinados a mejorar el nivel de vida, estalló un desencanto abismal. Las democracias —inmaduras, sin justicia rigurosa e independiente— enfermaron de corrupción y los programas se aplicaron mal. El resultado fue un empobrecimiento a galope tendido. Las análogas y aflictivas causas que a fines del siglo XIX y principios del XX provocaron el aluvión migratorio de Europa hacia América, determinaron el aluvión de retorno. Se empezó a cerrar un círculo negro: los nietos de aquellos emigrantes europeos volvían a cruzar el océano, tan pobres y angustiados como vinieron los abuelos. Porque la migración significa todo eso: desgarro, lágrimas, frustración, ira. Los descendientes de españoles, italianos, alemanes, judíos, polacos y otras nacionalidades padecen ahora los sinsabores que sus abnegados antepasados creyeron haber exorcizado para siempre.

Los sudamericanos en Europa prueban con sus propios sentidos el amargo sabor del desprecio al inmigrante. Son "sudacas", no más los turistas agasajados de otrora. Se dan cuenta de que con facilidad se los puede convertir en chivos expiatorios. Y aprenden con dolor. Lo digo sin rodeos, porque me avergüenza. Mientras padecíamos el éxodo de millares de ciudadanos que debían sufrir la adaptación en otras latitudes, los argentinos seguíamos despreciando a los inmigrantes que aún venían a nuestro país. Es horrible, por supuesto. La paridad cambiaria con el dólar determinó que llegasen muchos peruanos, bolivianos, paraguayos y uruguayos. En la canción se les decía "hermano latinoamericano", pero en la realidad se los despreció con el mote de "bolitas" a los bolivianos y "paraguas" a los paraguayos. Aparecía desnuda nuestra incoherencia. Desde los años 70 se venía insistiendo en renunciar a las veleidades de la herencia europea para ser latinoamericanos de verdad. Ahora lo conseguimos, y somos más latinoamericanos que nunca. Pero en lo peor del continente: se polarizó la riqueza, aumentó la corrupción, desapareció la clase media, bajó el nivel cultural y educativo, aumentaron las villas de emergencia, ingresó la droga.

Estas contradicciones, en las que el discriminado discrimina, son parte del légamo irracional que alimenta el odio y que estimula manifestaciones repugnantes como la xenofobia y el racismo. Pero vayamos al capítulo siguiente, que nos reserva noticias imperdibles.

15. Perseverancia del odio

En Europa, luego de dos guerras mundiales, varias locales y con el recuerdo de los abusos en las lejanas colonias, han resurgido el racismo y el antisemitismo con un vigor inimaginable pocas décadas atrás. Pasó a convertirse en crónica frecuente apalear a inmigrantes musulmanes o africanos o asiáticos, así como usar oblicuos argumentos para discriminar a los judíos y al pueblo de Israel. Más allá de la responsabilidad individual, hay una muy poderosa que recae en las fuerzas dominantes de la sociedad en su conjunto. Europa ha realizado avances espectaculares en numerosos campos, pero no ha tenido el coraje de enfrentar sus delitos. Hubo algunos pedidos de perdón y son numerosas las personas que se han sacrificado para imponer la ética y la sensatez. Pero las expresiones de odio o de prejuicio son la evidencia de que aún no han cumplido la pesada asignatura de elaborar sus culpas llenas de borra.

Lo mismo se puede afirmar de los Estados Unidos.

Su lucha por conseguir la igualdad de derechos ha sido

titánica. Al nacer, ese país fue bendecido por padres que elevaron los derechos individuales a una altura sin precedentes. Luego trataron de consolidar una sociedad plural y se abrieron los puertos a la inmigración. Pero el trayecto fue escabroso, lleno sangre, de obstáculos y regresiones. Hubo genocidio de indígenas, explotación de los negros y obstinada discriminación, antisemitismo y persecución de asiáticos. La sola existencia del Ku Klux Klan es un estigma de horror. Los vínculos de los Estados Unidos con el resto del continente estuvieron caracterizados por la arrogancia, elocuentemente ilustrado por el calificativo de *back yard*. Por una parte conseguían que su legislación interna fuese cada vez más ecuánime, pero por otra se mantenían las resistencias a aplicarla en el exterior. Fue necesario atravesar los años épicos de Martín Luther King para que por fin se ingresara en la actual pista de convivencia y respeto, tanto interna como externa. Aún existen manifestaciones discriminatorias graves, pero la tendencia avanza hacia su superación. Es una democracia que no cesa de perfeccionarse, al revés de las dictaduras que en nada cambian.

Los hispanos en los Estados Unidos fueron creciendo de forma sostenida y ya son la primera minoría, por encima de la comunidad negra. Aunque la mayor parte consigue buena inserción y su peso no sólo es demográfico sino cultural, persisten los prejuicios. Algunos horribles.

Hace poco surgió una iniciativa espeluznante y quedé atónito al leerla en los diarios. Para desalentar el cruce de la frontera por inmigrantes ilegales comenzó a desarrollarse en un sector de la frontera sur la práctica de darles caza como si fuesen bestias del campo. No era un asunto nuevo, sin embargo. Grupos de rancheros que habitan el estado de Arizona tomaron el nombre de *American Way Team* y celebran su capacidad de perseguir y asesinar a cuanto indocumentado puedan detectar en el camino, los campos o los desiertos de la región.

Algunos comentarios reconocen que no se limitan a disfrutar la cacería, sino que solicitan adhesiones y hasta ofrecen medios de transporte para obtener mejores resultados. Esta nueva y tenebrosa gloria superaría la emoción que en su momento produjo la conquista del Oeste. Los mexicanos, derribados a balazos o quizás enlazados como si fuesen animales rebeldes, no pueden ser reclamados por nadie: su sangre será chupada por el yermo, y su carne devorada por los buitres.

Durante una visita a la Ciudad de México recibí una irritada información sobre el incremento de esta barbarie. Eran interpretaciones que apelaban a enfoques diversos. Todas coincidían en que no se debía tolerar la continuación de tan abominable práctica.

La repugnancia no se limitaba a los mexicanos, sino que causaba estupor entre los mismos norteamericanos, como pude apreciar en los medios de comunicación.

El tema es un emergente con varios puntos críticos, desde luego. Entre ellos deben contarse la pobreza que aflige a gran parte de México, los insuficientes resultados que hasta ahora produjo el NAFTA y los intrínsecos problemas latinoamericanos de larga data y corrosivos efectos (no puede dejar de citarse una cultura que tolera la corrupción y la desestabilizante anemia de la ley, pese a declamaciones en contrario).

El tema de estos "safaris" se ha complicado mucho. El Comité de Defensa Ciudadana, cuyo vocero parece ser un tal Carlos Ibarra Pérez, ha decidido iniciar la contraofensiva. Con el argumento de que "los yanquis masacran a nuestro pueblo y ahora estamos listos para replicarles", Ibarra Pérez ofreció una recompensa de diez mil dólares a quien asesinara un patrullero norteamericano. En lugar de acercar una solución, cargó al problema de nitroglicerina. Es claro que no tiene la menor excusa el deporte de cazar seres humanos, y nadie en su sano juicio puede suponer que una buena forma de combatirlo es degollar a los servidores públicos del otro país. Pero lo triste es que la corriente xenófoba norteamericana, que pretende levantar nuevas barreras a la entrada de "los indeseables vecinos del Sur", recibió con la propuesta de Ibarra Pérez una nueva justificación: "¡Los mexicanos declaran la guerra a nuestros agentes federales!". Y confían reforzar su *lobby* para una sustancial reforma de las leyes migratorias que consiga aumentar los cerrojos en lugar de flexibilizarlos.

La indignación mexicana es comprensible: sólo imaginar a sus connacionales como blanco del sadismo ranchero crispa al más insensible. Pero la iniciativa de Ibarra Pérez es también pueril y desafortunada. Desde distintos ángulos del espectro político mexicano le exigieron dar marcha atrás. La presión llegó a ponerlo contra la pared y no tuvo más alternativa que rectificarse: "Ahora digo algo diferente. Digo que no soportamos la situación de mandar gente para matar gente. Digo que debemos dejar a los líderes de los dos países para resolver esto".

La mayoría de los hispanos demuestra la falsedad del prejuicio que los pinta como seres perezosos e irresponsables. La mayoría se conchaba en la primera tarea que se les ofrece, aunque sea dura y mal pagada. No huyen del trabajo. Cumplen esmeradamente con sus obligaciones para mantener el puesto o poder acceder a otro mejor. Muchos llegan sin sus familias y revelan una estoica voluntad de ahorro. Con medios legales transfieren a las esposas e hijos que quedaron en México dólares mojados por el sudor y las lágrimas: abultadas remesas que redondean los diez mil millones de dólares anuales, una cifra mayor a la que debe pagar la Argentina por los intereses y servicios de su deuda externa. Algunos norteamericanos xenófobos opinan que es mucho el dinero que de ese modo se fuga del país, sin pensar que los mexicanos constituyen una mano de obra necesaria. Y que más dinero se gasta en perseguirlos. Además, si trabajan, ahorran y se preocupan por sus familias, demuestran que tienen lo esencial para convertirse en buenos ciudadanos, según las pautas de los mismos Estados Unidos.

En ese país, no obstante, se habla con respeto de otras corrientes inmigratorias y se les atribuyen justos méritos. Pero todas llegaron en situaciones precarias y atravesaron análogas vicisitudes. Sus historias no integran los cuentos de color rosa. Baste recordar como ejemplo las crueldades cometidas contra los norteamericanos de origen japonés durante la Segunda Guerra Mundial, de las que aún se tiene vergüenza de hablar. En consecuencia, el extendido desprecio a los mexicanos y la tentación de erigir un muro entre los dos países se parece al que dividió a Berlín. La verdadera solución pasa por un progreso a ambos lados de la frontera, cosa que ha empezado y avanza a ritmo creciente.

Mientras, la tragedia migratoria sigue cobrándose víctimas. Hace poco trascendió la muerte de la joven madre Yolanda González. Partió de Oaxaca, México, con su hijita de dieciocho meses en los brazos. Fue llevada en medios de transporte que sirven para el ganado hasta la frontera con Arizona, menos vigilada que la de California y Texas. Para internarse en los Estados Unidos, le indicaron que se aventurase por una franja libre de controles, pero abrasada por el sol y sólo habitada por rocas yermas. Agotó sus reservas de agua para evitar la muerte de su hijita. Fue encontrada por una patrulla que, de inmediato, brindó sus primeros auxilios, aunque no logró resucitarla. Fue la sexta muerte que en dos semanas produjeron el desierto y la ilegalidad.

Los mexicanos recuerdan la frase del dictador Porfirio Díaz que exclamó: "¡Pobre México, tan cerca de los Estados Unidos y tan lejos de Dios!". Pero en el fondo del alma perciben que esa cercanía es un privilegio de incalculables perspectivas. Estados Unidos es poderoso, rico y está afirmado sobre una ley que en América latina nunca fue rigurosa. Se lo odia y envidia. Por eso también es elocuente el grito que citaba Octavio Paz: *Yankee go home!... But take me with you!*

16. Compulsión a la guerra

Hace poco una periodista me preguntó —quizá sin haberlo meditado— qué opinaba sobre la nueva tendencia a la guerra, eterna beneficiaria del odio. La miré un instante y pregunté a mi vez si no estaba enterada de que la tendencia a la guerra existe desde que surgió la especie. ¡Nada tiene de nueva! Se sonrojó. Entonces le recordé el intercambio de correspondencia entre Albert Einstein y Sigmund Freud titulado *El porqué de la guerra*, que sigue teniendo una vigencia sobrecogedora. Prometió leerla.

Por si no encuentra el texto, lo glosaré brevemente.

En 1931 la Liga de las Naciones había decidido patrocinar un intercambio de opiniones entre intelectuales representativos del mundo sobre el tema de la guerra, que seguía aleteando sobre el mundo. Una de las personalidades a la que se dirigió fue Einstein y él mismo escogió como interlocutor al creador del psicoanálisis. Las cartas fueron escritas en 1932 y al año siguiente se publicaron en alemán, francés e inglés. Pero su circulación fue prohibida en Alemania.

Freud y Einstein nunca habían intimado y sólo se habían encontrado una vez en Berlín, en la casa del hijo menor del primero. Con fino humor describió esa circunstancia a su discípulo Ferenczi: "Einstein entiende tanto de psicología como yo de física, de modo que tuvimos una conversación muy placentera"... No obstante, en 1936 y 1939 intercambiaron amistosas epístolas.

Einstein comenzó su texto con unas palabras de insenescente actualidad: "Tenemos que debatir una cuestión que, tal como están las cosas, parece el más imperioso de todos los problemas que la civilización debe enfrentar". Los intentos para evitar las conflagraciones armadas casi siempre han terminado en fracaso. "Por ser inmune a las inclinaciones nacionalistas —dijo—, veo una manera de tratar al menos el aspecto superficial (administrativo) del problema: la creación, con consenso internacional, de un cuerpo legislativo y judicial para dirimir cualquier conflicto que surja entre las naciones." Cada nación debería someterse a sus dictámenes. Pero el mismo Einstein advirtió enseguida que todo tribunal "es una institución humana... y puede desvirtuarse por presiones extrajudiciales". El derecho y el poder van de la mano. Estamos lejos —agregó— de una organización supranacional competente, de autoridad incontestable y que pueda imponer un acatamiento absoluto. La débil Liga de las Naciones, que había suscitado tanta expectativa, lo estaba demostrando.

El poco éxito de los esfuerzos realizados hasta entonces no dejaba dudas sobre el juego de factores psicológicos, cuya elucidación pedía a Freud. "Pienso en ese pequeño y resuelto grupo, activo en cada nación, indiferente a las consideraciones y moderaciones sociales, que ven en la guerra, en la fabricación y venta de armamentos, nada más que una ocasión para favorecer sus intereses particulares." "¿Cómo es posible que esta pequeña camarilla someta a la mayoría, para la cual el estado de guerra significa pérdidas y sufrimientos?" Una respuesta evidente —conjeturó— es que esa minoría dominante tenía bajo su influjo a las escuelas y la prensa. Esto le permitía organizar y gobernar las emociones de las masas y convertirlas en su instrumento ciego.

Añadió otra pregunta más angustiante aún: ¿cómo logran despertar en los hombres tan salvaje entusiasmo, hasta llevarlos a sacrificar sus vidas? Pensaba que se debía a que "el hombre tiene dentro de sí un apetito de odio y destrucción. En épocas normales cursa en estado latente y en las anormales emerge como psicosis colectiva".

Formuló una última pregunta, referente a cuáles eran las posibilidades de controlar la evolución mental con el objetivo de ponernos a salvo del odio y la destructividad.

Freud le respondió con osadas ideas.

"Usted me ha dicho casi todo en su carta —señaló al empezar—. Me ha ganado el rumbo del barlovento, por así decir, pero de buena gana navegaré siguiendo su estela." "Comienza con el nexo entre derecho y poder. Es el punto de partida correcto, ciertamente. ¿Estoy autorizado a sustituir la palabra 'poder' por 'violencia', más dura y contundente? Derecho y violencia son hoy opuestos para nosotros. Pero es fácil mostrar que uno se desarrolló desde la otra, y si nos remontamos a los orígenes y pesquisamos cómo ocurrió eso la primera vez, la solución nos cae sin trabajo en las manos."

Explicó que los conflictos de intereses entre los hombres se zanjan en principio mediante la violencia. "Así es en todo el reino animal, del que el hombre no debiera excluirse." Al comienzo, en una pequeña horda era la fuerza muscular la que decidía a quién pertenecía algo o de quién debía hacerse la voluntad. Luego aparecieron las armas y se fue imponiendo la superioridad mental sobre la fuerza muscular bruta, pero el propósito del combate seguía siendo idéntico: una de las partes era obligada a deponer su reclamo o antagonismo. Era la originaria voluntad de matar al adversario para que desapareciese definitivamente, y para satisfacer una inclinación pulsional. Este rumbo se frenó cuando surgió la posibilidad de someter el enemigo a realizar tareas provechosas. "Es el comienzo del respeto por la vida del enemigo, pero el triunfador tiene que contar en lo sucesivo con el acechante afán de venganza del vencido y resignar una parte de su propia seguridad."

De esta forma se avanzó por el camino de la violencia al derecho. "¿Cuál camino? Uno solo, creo yo. El hecho de que la mayor fuerza de uno podía ser compensada por la unión de varios débiles." La violencia fue quebrantada por la unión; el poder de esos débiles unidos se constituyó en el derecho que se oponía a la violencia del único. Era el poder de la comunidad. Pero "seguía siendo una violencia lista a dirigirse contra cualquier individuo que le hiciera frente; trabajaba con los mismos medios, perseguía los mismos fines. La diferencia real y efectiva residía en que ya no era la violencia de un individuo, sino la de la comunidad en su conjunto". Pero, además, era necesario que se cumpliese una condición psicológica: la unión de los muchos tenía que ser permanente, duradera. Nada se hubiera conseguido si se formaba sólo para combatir a un hiperpoderoso y se disipaba tras su doblegamiento. El próximo que se creyera más potente aspiraría de nuevo a dominar por la violencia y el juego se repetiría sin término. La comunidad debía organizarse, promulgar ordenanzas, prevenir sublevaciones, estatuir órganos que velasen por la observancia de las leyes y tuvieran a su cargo ejecutar actos, también violentos, pero acordes al derecho. La comunidad de intereses generaba, además, importantes ligaduras afectivas. El individuo debía renunciar a la antigua libertad de aplicar la fuerza para satisfacer sus deseos.

"Pero semejante estado de reposo es concebible sólo en teoría." La situación se complicaba por el hecho de que la comunidad incluía desde el comienzo elementos de poder desigual, varones y mujeres, padres e hijos y, pronto, a consecuencia de la guerra y el sometimiento, vencedores y vencidos, que se transformaban en amos y esclavos. Entonces el derecho de la comunidad se convertía en la expresión de las desiguales relaciones de poder que imperaban en su seno; las leyes eran hechas por los dominadores y para ellos, y muy escasos los derechos concedidos a los sometidos. A partir de allí crecieron en la comunidad dos tendencias: los dominadores querían elevarse por encima de las limitaciones y los dominados pretendían ganar más beneficios. Si la clase dominante no atendía el reclamo de los sometidos podía llegarse a la sublevación, nuevas violencias y el desembarco de un nuevo orden. Aquí también empezaron a jugar las modificaciones culturales.

La historia humana muestra una serie incesante de conflictos entre un grupo social y otro, entre unidades mayores y menores, municipios, comarcas, linajes, pueblos, reinos. Abundan las guerras locales y el pillaje. No es posible formular un juicio unitario sobre las guerras de conquista. Muchas, como las de los mongoles y turcos, no aportaron sino infortunio; otras, por el contrario, contribuyeron a la trasmutación de la violencia en derecho, pues produjeron unidades mayores dentro de las cuales cesaba la posibilidad de emplear la violencia y un nuevo orden de derecho zanjaba los conflictos. Así, las conquistas de Alejandro Magno, que fue tolerante con los pueblos vencidos, trajeron la preciosa *pax alejandrina*, que luego fue imitada, pero con menos generosidad, por la *pax romana*. "Por paradójico que suene, habría que confesar que la guerra no sería un medio inapropiado para establecer la anhelada paz *eterna*, ya que es capaz de crear aquellas unidades mayores dentro de las cuales una poderosa violencia central vuelve imposible ulteriores guerras."

Llegado aquí, Freud saca una conclusión. "Una prevención segura de las guerras sólo es posible si los hombres acuerdan la institución de una violencia central encargada de entender en todos los conflictos de intereses. Pero es evidente que se necesita aquí el cumplimiento de dos exigencias: que se cree una instancia superior de esa índole y que se le otorgue el poder requerido. De nada valdría una cosa sin la otra." La Liga de las Naciones se concebía como esa instancia representativa, pero la otra condición, la de la fuerza, no podía cumplirse.

Luego de la Segunda Guerra Mundial, cuando Freud ya había fallecido, se constituyeron las Naciones Unidas, ente que fue ganando en representatividad. Es una organización defectuosa, porque en lugar de "naciones" se trata de gobiernos, y en muchas ocasiones de gobiernos ilegítimos o sanguinarias dictaduras que oprimen a sus pueblos. En las Naciones Unidas no hablan ni votan el pueblo de Sudán, ni el de Libia, ni el de Cuba, ni el de tantas repúblicas africanas, sino sus dictadores asesinos. Tampoco las Naciones Unidas han tenido la fuerza para imponer sus decisiones y no ha impedido casi ninguna guerra ni genocidio. Por el contrario, se transformó en un cíclope burocrático, costoso e ineficaz, que pide a gritos ser reformado de raíz. Es la tarea de nuestro tiempo.

Freud continuó con otro asunto, a la vez sorprendente y desestabilizador. "Dos cosas mantienen cohesionada a una comunidad: la compulsión a la violencia y las ligaduras de afecto —técnicamente llamadas *identificaciones*—. Ausente uno de esos factores, es posible que el otro mantenga en pie a la comunidad. Desde luego, aquellas ideas alcanzan predicamento cuando expresan importantes relaciones de comunidad entre sus miembros." Sigue con algunos ejemplos: la idea panhelénica (y la conciencia de ser mejores que los bárbaros vecinos) halló expresión en las anfictionías y las olimpíadas, y tuvo fuerza para morigerar un poco las costumbres guerreras de los griegos, pero no fue capaz de prevenir disputas entre segmentos de su población, ni siquiera impedir que una ciudad o liga de ciudades se aliase con el enemigo persa en detrimento de otra ciudad rival. Tampoco el sentimiento de comunidad en el cristianismo, a pesar de que era bastante poderoso, logró evitar que ciudades cristianas del Renacimiento se procurasen la ayuda del Sultán en sus guerras recíprocas. "Parece que el intento de sustituir un poder objetivo por el poder de las ideas está aún condenado al fracaso. Se yerra en la cuenta si no se considera que el derecho fue en su origen violencia bruta y todavía no puede prescindir de apoyarse en la violencia."

La pulsión de muerte deviene pulsión de destrucción cuando es dirigida hacia fuera; el ser vivo preserva su existencia destruyendo la ajena, por así decir. Pero una franja de la pulsión de muerte permanece activa en el interior y genera una serie de fenómenos, muchos patológicos; vuelve la agresión contra uno mismo.

"Acaso tenga usted la impresión —dijo a Einstein— de que nuestras teorías constituyen una suerte de mitología, en tal caso ni siquiera una mitología alegre. Pero, ¿no desemboca toda ciencia natural en una mitología de esta índole? ¿Les va a ustedes de otro modo en la física hoy?"

En conclusión, "no ofrece perspectiva ninguna pretender el desarraigo de las inclinaciones agresivas de los hombres". Es ingenuo suponer que la satisfacción de las necesidades materiales alcanza para eliminar la destructividad humana. ¿Sorprendente? Sí, porque aquí Freud aparece como antifreudiano. Deja de lado su cuerpo teórico para darle preponderancia a la biología pura. Debo criticarlo. No caeremos en el ridículo de negar las evidencias de la biología, pero tampoco olvidaremos el papel vigoroso que juegan los factores individuales, sociales y culturales, a los que se aferra el hombre para proseguir su epopeya vital.

Sostiene Freud que "si la guerra es un desborde de la pulsión de destrucción, lo natural será apelar a su contraria, Eros. Todo cuanto establezca ligaduras de sentimiento entre los hombres no podrá menos que ejercer un efecto contrario a la guerra". Tales ligaduras son de dos tipos. En primer término, los vínculos de amor en sentido amplio. En segundo término las sustantivas relaciones de comunidad entre los hombres, sus identificaciones mutuas, porque en buena parte de ellas descansa el edificio de la sociedad humana.

Finalmente se formula una pregunta que se le había escapado a su interlocutor: "¿Por qué nos sublevamos tanto contra la guerra usted y yo? ¿Por qué no la admitimos como otra de las tantas penosas calamidades de la vida? Parece acorde a la naturaleza, bien fundada biológicamente y apenas evitable en la práctica".

Freud se da aliento para responder, y lo hace como un pensador franco, directo: "Porque todo hombre tiene derecho a su propia vida, porque la guerra aniquila promisorias vidas humanas, porque pone al individuo en situaciones indignas, lo compele a matar a otros, cosa que él no quiere, porque destruye preciosos valores materiales, productos del trabajo humano, y tantas cosas más. También porque la guerra, en su forma actual, ya no da oportunidad ninguna para cumplir el viejo ideal heroico, y porque debido al perfeccionamiento de los medios de destrucción una guerra futura significaría el exterminio de uno de los contendientes o de ambos. Todo esto es cierto y parece tan indiscutible que sólo cabe asombrarse de que las guerras no se hayan desestimado ya por un convenio universal entre lo hombres. Sin embargo, se puede poner en entredicho algunos de estos puntos. Es discutible que la comunidad no deba tener también un derecho sobre la vida del individuo: no es posible condenar todas las clases de guerra por igual".

En el término de su carta, Freud manifiesta a boca de jarro: "Creo que la principal razón por la cual nos sublevamos contra la guerra es porque no podemos hacer otra cosa. Somos pacifistas por razones orgánicas. Después justificaremos nuestra actitud mediante argumentos". Otra vez cae en el pesimismo y deja al margen su propio cuerpo teórico. Creo que no es afortunada la expresión "razones orgánicas". Pero así lo escribió; su pensamiento deja ventanas abiertas a las reformulaciones.

Desde épocas inmemoriales se desarrolla el proceso de la cultura, dijo. A este proceso debemos lo mejor que hemos llegado a ser, y en buena parte por él también penamos. Su comienzo es oscuro y su desenlace incierto. Acaso lleve a la extinción de la especie humana; hoy los estratos más rezagados de la población se multiplican con mayor intensidad que los de elevada ilustración. Quizás este proceso sea análogo al de la domesticación de animales. Hay modificaciones corporales y psíquicas. Estas últimas consisten en un progresivo desplazamiento de las metas pulsionales y también su limitación. Sensaciones placenteras para nuestros ancestros se han vuelto indiferentes para nosotros, o incluso insoportables. Entre los caracteres psicológicos de la cultura prevalece el fortalecimiento del intelecto y la interiorización de la pulsión agresiva, con todos los beneficios y desventajas que implica. La guerra contradice de modo flagrante las actitudes que impone el proceso cultural y por eso nos sublevamos contra ella, "no la soportamos más", afirma. "La nuestra no es una mera repulsa intelectual y afectiva: es una intolerancia constitucional, una idiosincrasia extrema. Y hasta parece que los desmedros estéticos de la guerra no cuentan menos para nuestra repulsa que sus crueldades." En conclusión, "todo lo que promueva el desarrollo de la cultura trabaja también en contra de la guerra".

Y del odio.

Pero la cultura es débil. Tras la implosión soviética se acabó el equilibrio bélico planetario. Antes había consenso con respecto a la división de las fuerzas entre esos dos colosos. Pero uno solo ya no es lo mismo. La *pax americana* no equivale a otras paces del pasado. Estados Unidos suscita la desconfianza, la envidia y el odio de la mayor parte del género humano. En consecuencia, no puede ejercer el rol de gendarme. Tampoco lo quiere su pueblo, que pregunta angustiado por qué tiene que sacrificar vidas para frenar el genocidio en Kosovo y Bosnia o democratizar países que prefieren las dictaduras. Para colmo, la guerra entró en una nueva y espantosa dimensión: ha dejado de ser clásica, de involucrar Estados y ser protagonizada por ejércitos regulares. Ahora incluye el terrorismo, que no respeta nada. El terrorismo está lleno de "individuos enojados", como dice Thomas L. Friedman en *Longitudes and Attitudes*, ya no se trata de Estados, sino de organizaciones sin fronteras. Nos señala que por primera vez una superpotencia se enfrenta en duras batallas con un poderoso individuo enojado, Osama Bin Laden, rostro visible del nihilismo extremo, la alucinación apocalíptica y el mesianismo galopante.

La humanidad aún no ha tomado conciencia de esta nueva amenaza, que es peor que todos los virus juntos, porque no dudará en usar armamento nuclear apenas lo consiga. A este cáncer se lo está dejando crecer mediante racionalizaciones que encubren intereses tan mezquinos como irresponsables. El mundo civilizado repite la conducta que observó mientras tenía lugar el irresistible ascenso del nazismo, hasta que fue demasiado tarde para impedir su lúgubre marcha triunfal.

En la segunda parte de este libro completaremos el viaje por la jungla del odio, que mantiene altas sus llamas pese a tantos esfuerzos por controlar los estragos de su expansión. Lo recorrido hasta ahora ha preparado nuestras fuerzas para explorar los baluartes que nos esperan.

Dos

17. Desprecio amargo

La visión general de la primera parte exige retomar el vuelo desde lo acotado, personal. Aumenta nuestra sensibilidad y permite comprender mejor.

Recuerdo que desde niño me inculcaron que en la Argentina no había racismo. Eran unos mentirosos, por supuesto. Me hablaban del brillante "crisol de razas" y se festejaba el 12 de octubre como el "Día de la Raza", festividad henchida de armónicos. En la escuela dibujábamos alegorías sobre el feliz encuentro de blancos europeos con indios americanos en un paisaje propio del Edén. Nos hacían repetir frases de la Constitución que abrían las puertas a los hombres de buena voluntad que quieren habitar el suelo argentino. Pero detrás de todo eso se encubrían elementos inconfesables.

En contraste con lo que sucedía y sucede en otras regiones, donde se practicaban genocidios y se producían "leyes raciales" brutalmente discriminadoras, la situación de la Argentina parecía un paraíso. Pero si en el paraíso hubo una serpiente única y astuta, en la Argentina tuvimos un serpentario que no se privaba de sacarle provecho a cada ocasión. Su veneno actuó en forma oculta muchas veces y desplegó proezas desde los tiempos de la colonia.

Los conquistadores —muchos analfabetos, pero dotados de pasión y vanidad— despreciaron a los indios y luego a los mestizos, pese a que estos últimos eran sus descendientes, producto de las violaciones a indias que cometían jubilosos sobre los colchones de una mullida impunidad. Más adelante, en la Argentina se despreció a los negros, pese a que fueron sabrosa carne de cañón en las luchas por la Independencia y los fratricidios de la anarquía; se los asesinó en masa durante la guerra contra el Paraguay y finalmente borró por completo con la peste amarilla.

También se despreció al gaucho, aunque la posteridad lo haya ensalzado como el centauro de las pampas y un arquetipo de la libertad y amor al terruño. Se despreció al inmigrante, pese a que fue invitado a desembarcar en aluvión para que llenara los vacíos de un territorio infinito. Con el correr de los años el desprecio, en lugar de ceder, se multiplicó y diversificó más aún. El habitante del interior despreció al porteño y el porteño al provinciano. Las diferencias de clase y de casta, de origen y de filiación servían de pretexto para mantener vivo el ardiente desdén, a veces expresado con humor, a veces con violencia. Los argentinos que migraban internamente del campo a la ciudad fueron etiquetados con el mote de "cabecita negra". En síntesis —ya lo dije en otros escritos— la Argentina estableció una agresiva *cultura del desprecio*.

El desprecio no responde siempre a la repulsa que se tiene contra otro, sino que empieza de forma inconsciente contra uno mismo. Las fallas de la autoestima buscan una solución mediante el descrédito del vecino. Thomas Mann las identificó en su retrato del antisemita: "El antisemita es un cobarde que no vale nada, pero al despreciar al judío y ponerlo por debajo, ya es alguien".

Empiezo este capítulo citando la Argentina, mi país, que quiero y me duele. Pero no es una excepción en materia de discriminaciones. No existe en el mundo un país completamente limpio de odio racial, étnico o religioso. Naveguemos por el mapamundi y, apenas anclemos en un sitio al azar, podremos recoger información sobre burlas, prevenciones, calumnias, y hasta desembozados crímenes. El panorama se complica, además, por el cruce de proyecciones. Quienes odian afirman ser odiados, quienes discriminan afirman ser discriminados. Por una parte la humanidad ha conseguido un progreso de titanes al hundir en la ignominia palabras como racismo, antisemitismo, discriminación étnica, sexual y religiosa. Por otra parte ese avance en las palabras es corrompido por el manoseo político, donde con frecuencia se observan racistas que hacen racismo en nombre del antirracismo. Me recuerda al norteamericano a quien preguntaron cuáles eran las dos cosas que más odiaba. Contestó: "los racistas... y los negros".

Antes de escribir la segunda parte de este libro he repasado el mapa del odio en los cenagosos campos de la etnia, el sexo, la religión, el nacionalismo y la cultura. He concluido en que existe un paradigma del cual casi todos se nutren, y al que sería deshonesto ignorar. Se trata del caso más profundo de odio y repugnancia; del caso más arraigado en la historia occidental y quizás humana. La ponzoña se fue sedimentando durante siglos. En ciertos momentos parecía retroceder, atrofiarse, con vistas a su definitiva desaparición. Pero, contra las expectativas de las almas nobles, vuelve a incrementarse inclusive en los sitios donde menos se lo espera, fogoneado por razones que ante otros protagonistas no generarían idéntica explosión de aborrecimiento y encono.

Me refiero al antisemitismo.

Es la expresión elocuente del poder que tiene el odio del hombre contra el hombre, pese a su notoria ausencia de fundamentos lógicos y la abundancia de refutaciones que han demolido cada uno de sus enclenques argumentos. Las contradicciones son evidentes, pero a duras penas se las atiende. Al judío se lo acusa porque es rico o porque es pobre, porque es religioso o es ateo, porque está asimilado o no se quiere asimilar, porque es ignorante o porque es demasiado inteligente, porque es cosmopolita o porque es nacionalista, porque es cobarde o porque no deja ofensa sin sancionar; para Hitler eran comunistas y para Stalin eran todos anticomunistas. El odio contra ellos es cegador, a menudo inconsciente, y vuelve a lanzar chispas desde rescoldos que parecían condenados a apagarse. Constituye un fenómeno con estatura de prodigio por su antigüedad y persistencia.

Por eso lo tomo de ejemplo central.

El antisemitismo provee una amplia perspectiva sobre la crueldad del hombre; desnuda los delirios mediante los cuales el odio trata de justificar su apego a la violencia; deja caer las máscaras que encubren sus ambiciones más bajas y perversas. También la disección del antisemitismo contribuye a descubrir la tendencia a poner la culpa afuera y obtener ganancias fáciles mediante la manipulación de la opinión pública con el recurso de prejuicios manifiestos o latentes. Como dijo Elie Wiesel, "la historia nos ha enseñado que quien odia, odia a todos. Aquel que odia a los judíos acabará odiando a los negros, a los hispanos, a los musulmanes, a los gitanos, a los turcos, a los árabes, y finalmente a sí mismo".

Como explicamos en la primera parte, el odio se torna irrefrenable una vez desencadenado. El antisemitismo muestra cómo se lo puede construir inclusive a lo largo de generaciones, tornarlo macizo, profundo e inescindible de la cosmovisión que pone anteojeras a vastos grupos; muestra cómo la diosa Athor-Sejmet se lanza al deleite de su destructividad imparable, sedienta. El antisemitismo también revela cómo los instintos connaturales del ser humano lo tironean hacia una regresión en la cual la violencia juega el triple rol de objeto, sujeto e instrumento; cómo esa regresión lo succiona hacia un vórtice, del que emerge agotado por el sadismo y las matanzas.

La venganza interminable, ya analizada, es un elemento precoz en el alma del antisemita. Desde hace dos mil años intenta racionalizarla con una aberración teológica llamada "deicidio". Pero el deicidio no provocó el nacimiento de la judeofobia, sino a la inversa: la necesidad de aplastar a los judíos y transformarlos en chivos expiatorios dio lugar al nacimiento e hiperbolización del mito.

El "genocidio" —palabra que, como señalamos, fue acuñada por el judío Raphael Simkin en 1944— tiene su matriz en una reiterada práctica contra los mismos judíos, eterna carne de cañón. Tomemos como ejemplo el genocidio armenio que hizo despuntar con sangre el siglo XX y los incesantes genocidios africanos que salpican groseramente el siglo XXI. Ambos han sido modelizados por los anteriores e innumerables genocidios judíos, de los que el Holocausto es tan sólo una culminación diabólicamente perfeccionada.

Hemos analizado la tirria fraternal. Ahora veremos, en uno de los capítulos que siguen, cómo el lazo fraterno de judíos y cristianos se transformó en el odio de los cristianos por sus "hermanos mayores" (término acuñado por el papa Juan Pablo II).

También hemos explicado que el sacrificio fue un recurso para conseguir la pacificación de una comunidad. El chivo expiatorio de la Biblia y el *Pharmakós* de la tradición helénica son manifestaciones avanzadas de una técnica ingeniosa y muy humana que se había originado en las brumas de la prehistoria. Jesús histórico se sacrificó por todos los hombres y vuelve a hacerlo en el sacramento de la misa, según la teología; concentra los pecados y el odio, para que su muerte les dé la necesaria muerte. Es el chivo expiatorio prefigurado en los tiempos antiguos, y cuyo padecimiento sigue siendo requerido y eficiente para el bien de los demás. El personaje central de mi novela *La gesta del marrano*, perplejo ante el gratuito dolor que se descargaba sobre sus correligionarios, se preguntó con disimulado terror si el sacrificio de Jesús que, como hombre, fue judío, no era puesto en acto en la realidad, colectivamente, siglo tras siglo, año tras año, por el pueblo judío en su conjunto. No se trataba del sacramento religioso, claro, sino de algo tan vulgar e impune que parecía desprovisto de la menor grandeza. Matar judíos era una matanza sin grandeza, teológicamente inexplicable. Nadie le pudo contestar, desde luego.

Las cloacas del odio antisemita nos llevarán a diversos escenarios y mostrarán su poliédrica dimensión. Nos permitirán observar los más remotos círculos del infierno. Pero antes de abordarlas, propongo dar descanso y placer a nuestra perplejidad con el cuento "Tres versiones de Judas", de Jorge Luis Borges, que viene al caso.

Judas —demuestra el autor mientras nos hace circular entre gnósticos, heresiarcas, conventículos monásticos y la moderna universidad sueca de Lund— es un secreto chivo expiatorio: Judas es el odiado pueblo judío. Pero en una dimensión que espanta.

El protagonista del cuento, Nils Runeberg, descifra un misterio central de la teología que desbarató su vida en el terror. Estaba enterado de que años antes "De Quincey había especulado que Judas entregó a Jesucristo para forzarlo a declarar su divinidad y a encender una vasta rebelión contra el yugo de Roma". Su traición, sin embargo, debía tener una jerarquía metafísica —supuso Nils Runeberg—, debía tener su lugar misterioso en la economía de la redención. "Judas, único entre los apóstoles, intuyó la secreta divinidad y el terrible propósito de Jesús", pensó. Si "el Verbo se había reducido a mortal, entonces Judas, discípulo del Verbo, podía reducirse a delator (el peor delito que la infamia soporta) y ser huésped del fuego que no se apaga". "El orden superior refleja al orden inferior. Judas reflejaría de algún modo a Jesús", concluye preocupado. "Es el que sufre. De ahí la muerte voluntaria, para merecer aun más la Reprobación."

Runeberg no se sintió feliz por el descubrimiento. Fue refutado por todas las confesiones, que lo acusaron de ignorar la unión hipostática, de renovar la herejía de los docetas que negaban la humanidad de Jesús y de contradecir el capítulo veintidós del evangelio de San Lucas. Estos anatemas no le hicieron apartarse de su investigación, sino que influyeron en el perfeccionamiento de su tesis, que ascendió a nuevos pisos de asombro. Criticó a quienes afirman que nada sabemos de Judas, porque en realidad "sabemos que fue uno de los apóstoles, uno de los elegidos para anunciar el reino de los cielos, para sanar enfermos, para limpiar leprosos, para resucitar muertos y para echar fuera los demonios. Un varón a quien ha distinguido así el Redentor merece de nosotros la mejor interpretación de sus actos. Imputar su crimen a la codicia es resignarse al móvil más torpe". Entonces Runeberg propuso el móvil contrario, de extraordinaria audacia. "El asceta, para mayor gloria de Dios, envilece y mortifica la carne; Judas hizo lo propio con el espíritu. Renunció al honor, al bien, a la paz, al reino de los cielos."

El desenfrenado teólogo nos recuerda que "en el adulterio suelen participar la ternura y la abnegación; en el homicidio, el coraje; en las profanaciones y la blasfemia, cierto fulgor satánico. Judas eligió aquellas culpas no visitadas por ninguna virtud: el abuso de confianza y la delación. Obró con gigantesca humildad, se creyó indigno de ser bueno".

Esto no era suficiente. En su lucubración encendida avanzó hasta decir que limitar el sufrimiento de Jesús a la agonía de una tarde es blasfematorio. El Verbo, al hacerse carne, asumió un compromiso infinito. Si Dios se hizo hombre, "se hizo hombre hasta la infamia, hombre hasta la reprobación y el abismo. Para salvarnos pudo elegir cualquiera de los destinos que traman la perpleja red de la historia; pudo ser Alejandro o Pitágoras o Rurik o Jesús". Pero —concluye atribulado— "eligió un ínfimo destino: fue Judas".

Esto deja sin aliento.

El cuento dice a continuación que los incrédulos consideraron la idea "un insípido y laborioso juego teológico" y que "los teólogos la desdeñaron". Para Nils Runeberg la ecuménica indiferencia operó como una confirmación de que estaba en lo cierto. Era evidente que "Dios ordenaba esa indiferencia; Dios no quería que se propalara en la tierra Su terrible secreto". Por fin piensa: "Valerio Sorano murió por haber divulgado el oculto nombre de Roma; ¿qué infinito castigo sería el suyo —se preguntó— al haber descubierto y divulgado el horrible nombre de Dios? Ebrio de insomnio y de vertiginosa dialéctica, Nils Runeberg erró por las calles de Malmö, rogando a veces que le fuera deparada la gracia de compartir con el Redentor el infierno".

El infierno en el que los antisemitas anhelan hundir a los judíos, como empezaremos a verlo a partir del próximo capítulo.

18. La resurrección de Goebbels

Un ejemplo difícil de soslayar en este tema es la Conferencia contra el Racismo que organizaron las Naciones Unidas y se realizó en Durban, Sudáfrica, en septiembre de 2001. Es decir, ayer. Esa Conferencia se degradó en un extravagante festival de odio y racismo antisemita que hubiese provocado el orgasmo de Hitler y Goebbels. Concluyó apenas cuarenta y ocho horas antes del 11 de septiembre, como un prólogo del operativo terrorista que demolió las torres del World Trade Center de Nueva York, produjo la muerte de miles de trabajadores pertenecientes a decenas de nacionalidades y dejó huérfanos a más de diez mil niños. En Durban quedó probado que el antisemitismo sigue siendo la matriz más antigua, arraigada y virulenta de la discriminación humana. Ese prejuicio pudo a lo largo de los siglos asumir proteicas variaciones, convertirse en odio religioso, social, cultural o racial, pero sin dejar de mantener una vigencia fenomenal que sólo se apaga por momentos, sin extinguirse, pese a que los judíos son una comunidad pequeña, apenas formada por 13 millones de almas en todo el mundo.

En Durban bramaron las ráfagas del odio contra los judíos, Israel y los Estados Unidos (considerado el único país que los apoya sin medias tintas en esta emergencia), odio que bloqueó los nobles objetivos de la Conferencia de Durban. Sin equilibrio ni responsabilidad, una alianza de delegaciones se arrojó alegremente al pantano de descalificaciones y prejuicios antijudíos. Éstos se expresaron inclusive con caricaturas sobre rasgos físicos, atribución "racial" que ya parecía sepultada después de los desbordes nazis. La revisión que ahora, en este libro, con perspectiva, podemos hacer de esa Conferencia transformada en circo romano, eriza los pelos. Sistemáticamente se arrojó a los colmillos de las fieras una sola víctima. Esto no sólo genera repugnancia y desencanto, sino aflicción, porque revela cómo haber estigmatizado ciertas palabras no alcanza para desactivar su contenido. Puso de manifiesto que la discriminación más antigua y tenaz, que durante el período nazi culminó en el delirio genocida del Holocausto, sigue teniendo aterradora vigencia.

Apenas medio siglo después de haber exterminado a los judíos bajo la excusa de que conformaban una "raza inferior", se procedía a identificarlos sádicamente con sus victimarios nazis para justificar la compulsión a seguir persiguiéndolos, ofendiéndolos y exterminándolos. Esa sola identificación es prueba de un odio sin frenos. En la Conferencia sólo se calificó de nazis a los judíos y a los dirigentes de Israel, nunca a ningún sátrapa o criminal de los que abundan en el planeta. ¿Por qué la doble vara? ¿Por qué sólo con los judíos? ¿No es esta doble vara una prueba de abierta discriminación?

La corrupción del lenguaje con fines políticos alcanzó proezas que nos dejan atónitos. Se martilló con que los judíos e Israel son racistas, por ejemplo. Es una afirmación irracional, claro, pero que, de tanto repetirse —como enseñaba Goebbels—, convence. Pocos se han detenido a reflexionar que cualquier conflicto puede ser calificado de "racista", sin importar lo injustificado de esa palabra, cuando la intención es degradar a una de las partes: los griegos serían "racistas" frente a los turcos, los turcos frente a los kurdos, los pakistaníes frente a los indios, los chinos frente a los tibetanos, los sudaneses musulmanes frente a los sudaneses cristianos y, ni hablar de los conflictos en la ex Yugoslavia y varios países de África en los que se exaltan sin pudor las rivalidades étnicas.

La discriminación no es nueva, desde luego. La hubo contra presuntas "razas inferiores", como los indios americanos y los negros. Pero el racismo como ideología de perfil bien recortado es reciente. El concepto fue acuñado en Europa durante el siglo XIX por autores que pretendieron fundamentarlo científicamente, con especial dedicación a "la raza judía". Entre ellos merece citarse al conde Joseph Arthur de Gobineau y a Charles Maurras. Pronto esta discriminación antijudía acuñó la palabra *antisemitismo*, que se convirtió en la orgullosa bandera de muchos nacionalistas. Por cierto que en Occidente se practicaba el antisemitismo, aunque no existiese la palabra, desde hacía dos mil años. No había conciencia de su maldad ni consecuencias letales. La larga siembra tuvo una cosecha espectacular en 1933, cuando el antisemitismo se convirtió por primera vez en política nacional de Estado. El régimen nazi no sólo puso en marcha sus promesas de perseguir y eliminar a los judíos, sino que sancionó decenas de "leyes raciales" por año, destinadas a ofender, despojar y expulsar a los judíos hasta convertir Alemania en un país *Judenrein* (limpio de judíos). Vale la pena recordar que muchas de esas "leyes" ya se habían aplicado en Europa a lo largo de los siglos, no eran nuevas.

Al término de la Segunda Guerra Mundial, en el año 1948, se le logró infligir dos derrotas, por fin. Una fue la Declaración Universal de los Derechos Humanos, y otra el reconocimiento de la independencia de Israel. Sin embargo, el prejuicio antisemita —que por entonces se había desprestigiado— estaba lejos de desaparecer y se desplazó hacia el flamante país. Israel se convirtió en "el judío entre las naciones", al que se aplicaron sin pausa discriminaciones, no sólo en calidad sino en cantidad. Hoy ya no suena a inmoral extravagancia anhelar que el Medio Oriente sea *Israelrein*.

En forma sucinta volvemos a recordar —porque la ignorancia es maciza— que los países árabes violaron en 1948 la Resolución de las Naciones Unidas sobre la creación de un Estado árabe y un Estado judío en el territorio que había sido colonia británica. Esos Estados árabes proclamaron su intención de "arrojar todos los judíos" al mar, impulsaron la fuga de cientos de miles de palestinos —para poder "barrer fácilmente al enemigo"— y después no quisieron integrarlos en sus territorios, con la excepción de Jordania. Esos Estados árabes, culpables directos del drama palestino y el largo desencuentro que padece la región, proclamaron un boicot permanente contra Israel, lo acosaron sin tregua en todas sus enrevesadas fronteras y pusieron en marcha una campaña de calumnias y desprestigio en las organizaciones internacionales. Israel es el único país judío del mundo y sólo tiene un escaso voto contra los veinte países árabes y alrededor de cincuenta países musulmanes, a los que se unían por intereses políticos los países cautivos de la órbita soviética. Una prueba elocuente de esa discriminación es que esa masa automática jamás permitió que Israel integrase el Consejo de Seguridad. Cuando en una reunión con diplomáticos recordé la anomalía, estalló el asombro, porque nadie lo había advertido hasta ese instante. Es obvio que la discriminación sostenida no sólo influye en el corazón, sino en los ojos.

La manifestación más escandalosa había sido la Resolución 3.379 del año 1975 que equiparó "sionismo" a "racismo". Hasta ese momento parecía imposible que se llegase a semejante extremo. La coalición antisemita musulmano-soviética obtuvo un triunfo impresionante para deslegitimizar a Israel por cualquier medio, un triunfo que hubiera desatado jubilosos aplausos de los nazis. Esa resolución fue anulada después de los Acuerdos de Oslo, con lo cual quedó demostrado su hipócrita origen político.

No obstante, volvió a ser reclamada en Durban, sin pudor por el retroceso.

El antisemitismo había calado hondo en las mismas Naciones Unidas y el terreno estaba libre de obstáculos. Aunque se habían establecido programas para combatir el racismo en todas sus formas, siempre las Naciones Unidas se negaron a condenar el antisemitismo. Recién el 24 de noviembre de 1998, más de medio siglo después de su fundación, las Naciones Unidas por primera vez incluyeron el vocablo "antisemitismo" en una resolución. Es increíble con cuánta impunidad algunos embajadores vomitaron públicamente su odio antijudío. Ejemplos al canto: el delegado de Arabia Saudita Marou Fal-Dawalibi afirmó en la Conferencia de la Comisión de Derechos Humanos, año

1984, que "el Talmud dice que si un judío no bebe cada año la sangre de un no judío, será condenado por la eternidad". Idéntica afirmación realizó el embajador de Siria en 1991, quien insistió en que los judíos asesinaban niños cristianos para fabricar sus panes de Pascua. El 11 de marzo de 1997 el representante palestino ante la Comisión de Derechos Humanos denunció que el gobierno de Israel inyectó a trescientos niños palestinos con el virus del sida; pese a las refutaciones de varios gobiernos, ese libelo fue incorporado a los informes de las Naciones Unidas.

Las delegaciones musulmanas, asistidas por aliados de la izquierda retrógrada y fascista, marcharon firmes a Sudáfrica, decididas a superar las marcas de Goebbels. En abril había tenido lugar una febril Conferencia Preparatoria en Teherán, donde se organizó la andanada. Por supuesto que de la Conferencia fueron excluidos los judíos, pese a que se realizaba bajo el ala de las Naciones Unidas. Irán se proclamaba un país ideal para luchar contra el racismo porque —según sostenía— está "exento de todo prejuicio y discriminación". Mientras tanto, varios judíos eran sometidos a juicio por ser "espías de Israel" (argumento plagiado de los tribunales que años antes cumplieron similar proeza en Moscú, Praga y Budapest) y haber desatado la persecución de ciudadanos iraníes que cometían el delito de profesar el culto Bahai, una rama pacifista del Islam.

La estrategia de Teherán apuntaba a varios objetivos: desactivar la palabra "antisemitismo" y convertirla en simple "arabofobia", trivializar el Holocausto y despegarlo de la singularidad judía mediante la aplicación de ese término a cualquier genocidio o catástrofe, convencer de que el exterminio de judíos no es racista (y por lo tanto legítimo), condenar a Israel como un Estado que practica el *apartheid* y justificar el terrorismo palestino que asesina inocentes. Aspiraban a lograrlo sin el menor maquillaje.

La Declaración de las ONG —sometidas a la prepotencia musulmana— les deparó en Durban un triunfo tan grosero como la Resolución 3.379. Fue el documento antijudío más venenoso producido luego de la Segunda Guerra Mundial. Entre sus exigencias figuraba "imponer a Israel un aislamiento absoluto, incluido embargos y el total cese de todos los lazos: diplomáticos, económicos, sociales, militares, culturales y científicos". Semejante expresión de odio en estado puro sólo fue rechazado por una docena de ONG, entre ellas Human Rights Watch y Amnesty International. Nadie hizo mención del centenar de atentados antisemitas que simultáneamente, en ese solo mes, tuvieron lugar en diversos países allí representados.

El secretario general de las Naciones Unidas, Koffi Anan, atónito, se limitaba a repetir que la Resolución de 1975 estaba muerta. Y la Alta Comisionada de la Conferencia, Mary Robinson, exclamó: "Yo soy judía... [no lo es, pero usaba la consigna de 1968, cuando se gritaba "todos somos judíos alemanes"]. Al ver los afiches de la Unión de Abogados Árabes llenos de caricaturas exhumadas de los archivos nazis, yo digo que eso es racismo —insistía Mary Robinson—. Este racismo me hace decir que soy judía. Lo digo por las víctimas de esta agresión. No voy a permitir que estas fracciones torpedeen la Conferencia".

Pero la Conferencia estaba condenada.

La destruyó el fanatismo cultivado con perseverancia ante las narices de los países civilizados. Los estereotipos antisemitas se derramaron como lava e impidieron que se lograse avanzar un solo paso en torno a la importante y verdadera lucha contra el racismo, que está lejos de ser una pesadilla del pasado. A la inversa, su núcleo más antiguo, sólido y matricial —el odio y la discriminación contra los judíos— se manifestó desnudo, virulento, sin máscaras, como en los tiempos de Goebbels.

Pero no debía asombrar. Era un fracaso anunciado. Como señaló Carlos Alberto Montaner, en esa Conferencia contra el racismo y la discriminación, que debía condenar la esclavitud y pedir reparaciones, nadie mencionó a los siete millones de africanos esclavizados por los sultanatos árabes durante dos siglos. Tampoco se habló de la esclavitud que aún practican algunos países presentes con voz y voto en la Conferencia, como Malí, Mauritania y Sudán, ni de los niños esclavos de Benin, ni del racismo exterminador de hutus y tutsis en Ruanda y Burundi, ni de las mujeres convertidas en simples y degradadas máquinas de reproducción en numerosos países.

El director del Palestinian Media Watch, Itamar Marcus, emitió un informe documentado línea por línea, que se titula: "En sus propias palabras: el antisemitismo como política de la Autoridad Palestina". Entre sus hallazgos figuran evidencias de que la Autoridad Palestina, desde su establecimiento en 1994, ha desarrollado una política destinada a reforzar los estereotipos raciales del pueblo judío, para alimentar el odio contra sus miembros. Acorde con esta decisión ha echado mano sobre todos los materiales del clásico antisemitismo europeo, a los que añadió propias formas de tirria basadas en el reciente imaginario de la identidad palestina. El racismo antijudío y los llamados a asesinar judíos se han difundido de modo predominante en la televisión palestina, sin condena alguna; por el contrario, mantienen una base de repetición semanal como mínimo y sus predicadores gozan de soporte oficial. El racismo an tijudío ha logrado inficionar a la población palestina y cargarla de un odio abrumador, manifestado en la segunda Intifada, como puede comprobarlo cualquier investigador independiente.

¿Para qué?, pregunto.

Para ocultar el fracaso de la dirigencia palestina y transferir afuera la culpa. Poner la culpa afuera es una tendencia que venimos denunciando en varias partes de este ensayo. Al pueblo lo consuela seguir convencido de que las cosas van mal por la causa ajena. De esa forma no se tiene que sufrir el desencanto de reconocer que está conducido por la ineficiencia y la corrupción. La ira acumulada por las frustraciones se descarga sobre un chivo expiatorio. Los palestinos han vuelto sobre el clásico, el que siempre funciona, el judío. Pero tienen la mala suerte de haber concentrado en los judíos un chivo expiatorio doble: por ser Israel un país exitoso que genera envidia, y por ser los judíos el chivo expiatorio más funcional, antiguo y usado del mundo. La fijación en el chivo expiatorio les dificulta el acceso a los cambios y soluciones que depararían el progreso y la felicidad.

El antisemitismo que cultiva la dirigencia árabe y gran parte de la musulmana es un veneno para sus propios pueblos: los lleva a gastar su energía en un enemigo imaginario en vez de utilizarla para su avance y bienestar. Los mantiene encadenados a una roca estéril que sólo les trae más desilusión. Se engañan creyendo que alcanzan victorias aplastando el origen de todos sus males, cuando en realidad obstruyen la visión de las verdaderas fuentes de su miseria. El odio los exalta, pero no les trae satisfacción duradera. Por el contrario, los mantiene enajenados y débiles.

Lejos, muy lejos de ahí, navega la sensatez.

En cuanto a la demonización que se hizo del sionismo,

nada más elocuente que un texto de Martín Luther King. En su *Carta a un amigo antisionista* publicada en agosto de 1967, un año antes de su asesinato, dice:

"Usted declara, mi amigo, que no odia a los judíos, que usted es sólo 'antisionista'. Y yo digo que dejemos sonar fuerte a la verdad desde las altas montañas, y dejemos que corra su eco por la tierra verde de los valles de Dios: cuando la gente critica al sionismo, quiere decir judíos. Ésta es la verdad de Dios.

"El antisemitismo, el odio al pueblo judío, se ha convertido en una mancha del alma humana. En esto conseguimos un total acuerdo. Por lo tanto, entérese también de esto: antisionismo es antisemitismo, y siempre será así. ¿Por qué?

"Usted sabe que el sionismo es nada menos que el sueño y el ideal del pueblo judío por retornar y vivir en su propia tierra. El pueblo judío —las Escrituras nos cuentan— ha disfrutado de un floreciente Commonwealth en Tierra Santa. De allí los judíos fueron expulsados por la tiranía romana, por los mismos romanos que dieron muerte cruel a Nuestro Señor. Alejado de su patria, con su nación en cenizas, forzado a deambular el globo, el pueblo judío sufrió una y otra vez el látigo de cuanto déspota pudo oprimirlos.

"El antisemita disfruta de cada oportunidad en que puede aplicar su malicia. El correr del tiempo, en Occidente, lo ha hecho impopular, ha hecho impopular proclamar abiertamente el odio a los judíos. Por eso el antisemita debe buscar constantemente las formas y los foros para eyectar su veneno. ¿Cómo se revela en la nueva mascarada? ¡Dice que no odia a los judíos, sino que sólo es antisionista!"

Escuché que tras la guerra que expulsó de Afganistán a los talibanes se produjo un alucinante encuentro secreto

entre Osama Bin Laden y Yasser Arafat. Bin Laden se que-
jó de que sus acciones, de enorme impacto internacional,
lo obligaban a refugiarse en cuevas y tener que viajar de in-
cógnito para salvar la vida. En cambio Arafat, que desde
hace más de treinta años se dedica en forma sistemática a
secuestrar aviones, asaltar aeropuertos, asesinar deportis-
tas, poner bombas en ómnibus escolares, restaurantes, su-
permercados y locales juveniles, es recibido triunfalmente
en las Naciones Unidas, acogido por interminables jefes de
Estado, amado por la prensa y la izquierda internacional,
galardonado con el Premio Nobel. "Por qué nuestra suerte es tan distinta?", sollozaba el enjuto Bin Laden. Arafat
alzó los ojos y lo miró con un pícaro destello: "Hace falta
elegir bien al enemigo, querido hermano. Yo sólo me de-
dico a matar judíos".

19 ¿Tolerar o respetar?

Voltaire escribió que debemos ser tolerantes con todo, menos con la intolerancia. Buena frase. Pero como ocurre con muchas buenas frases, tiene escasa aplicación. El mismo Voltaire fue intolerante con frecuencia y se mostró débil ante el empujón de algunos prejuicios. De todas formas, nos legó esa frase. ¡Gracias, Voltaire!

Pero nos legó además otras cosas muy buenas. En su *Diccionario Filosófico* fue elocuente, con sorpresiva inmersión evangélica: "¿Qué cosa es la tolerancia? Es un patrimonio de la humanidad. Estamos llenos de debilidades y errores: la primera ley de la naturaleza exige que nos perdonemos recíprocamente nuestras torpezas". Más desarrollos aportó en su *Traité sur la tolérance*, de 1763.

Un libro apasionante. En sus páginas defiende a Jean Calas, quien murió preso del fanatismo religioso que predominaba en su época. Calas era calvinista y fue acusado de haber asesinado a su hijo Marc-Antoine, porque éste quería convertirse al catolicismo. La historia cuenta que en

Toulouse, la noche del 13 de octubre de 1761, en la vivienda de los Calas había cenado un amigo, Gaubert Lavaisse, también protestante. Cuando Pierre, hermano menor de Marc-Antoine despide al huésped, encuentra a su hermano muerto. Entre llantos y aullidos llegan médicos y la policía. La población acuña una versión incontenible: Marc-Antoine se quería convertir al catolicismo y la familia Calas, con la ayuda de Lavaisse, lo asesinó. En el curso de horas se expande como incendio esta certeza. Son arrestados Jean Calas y su familia entera, mientras se expande con fuerza el dolor por Marc-Antoine, convertido en mártir de la fe católica. El padre grita sin cesar su inocencia, pero el juicio termina medio año después, en medio de una irrefrenable excitación popular, con su condena a muerte. El hombre es arrastrado por las calles de Toulouse hasta el patíbulo. Se lo coloca en el potro y le arrancan piernas y brazos. Después de dos horas de agonía es estrangulado y los restos de su cadáver son quemados en la calle. Voltaire revive la espantosa e injusta suerte deparada a Jean Calas e incluso llega a polemizar con Diderot, quien se asombra por su apasionada defensa de la tolerancia. Diderot se extrañaba de que un gran filósofo con tantas ideas importantes dedicase tiempo y esfuerzo a defender individuos que ni siquiera conocía personalmente. Pero Voltaire, adelantándose a muchos otros casos que ahora registra con orgullo la humanidad, insistió en reabrir el caso jurídicamente y obtener la condena de quien había mandado matar a un inocente por causa de su fanatismo religioso.

En un pasaje del *Diccionario Filosófico*, con la frase *"Ecrasez l'infame!"* ("¡Aplastad al infame!"), rechaza cualquier forma de religión que persiga a los no adherentes. Su visita a Inglaterra le provee nuevos y rotundos argumentos, que desarrolla con humor fino: "Si en Inglaterra hubiera una sola religión, su despotismo sería tremendo; si sólo hubiera dos, los ingleses se degollarían entre sí; pero como existen treinta, no les queda más remedio que vivir contentos y en paz".

A más de doscientos años de su muerte podemos criticarlo otro poco sin que sus cenizas se irriten. Admirado Voltaire: no siempre significa virtud ser tolerante, porque a menudo la tolerancia carga una oculta dosis de soberbia. Se derrama desde las alturas y trasmite la despectiva generosidad del poderoso. Refriega en las narices que el poderoso tiene tanta grandeza, que hasta puede darse el lujo de aguantar algo que le disgusta. En consecuencia, tolerar es soportar, inclusive de mala gana. Algo así como resignarse ante lo indigno, falso o molesto, para evitar males mayores.

Tolerancia viene del latín *tolerantia-ae*, que posee dos significados. Por una parte se refiere a "sufrimiento" y "acción de sobrellevar, soportar o resistir", algo próximo a indiferencia o escepticismo. Por otra parte existe la acepción *tollere*, referida a "aceptar y respetar", otorgando reconocimiento a posturas y creencias que no compartimos. Ésta me gusta más, pero no predomina. En el campo religioso fue difícil reconocer el derecho intelectual y práctico de quienes poseen otras adhesiones. De ahí que haya sobresalido el criterio de la indulgencia o moderación hacia quienes piensan distinto. No el de equivalencia.

Importante es *respetar*. El respeto no desnivela, no discrimina. No sugiere acepciones brumosas.

La palabra *intolerancia*, por otra parte, muestra un perfil inequívoco. Pese a ser el antónimo de la polivalente tolerancia, su significado es preciso. Informa sobre una posición atronadoramente negativa. No se presta a una interpretación dudosa, matizada. Y se articula con el odio.

Entre las intolerancias más antiguas figura la religiosa. Los intereses "terrenales" estimulan el abuso de la razón "espiritual". Esta última es obligada a satisfacer ambiciones que se agazapan tras los muros de la fe. En nombre de la religión se infligen aberraciones. Toda religión contiene elementos vitales que apuntan a la armonía, pero también posee lo contrario. Según las épocas o circunstancias, prevalecen unas u otras. El monoteísmo, por ejemplo, considerado un salto notable de la psiquis humana, porque pudo elevar al hombre de la idolatría a concepciones abstractas, impuso la intolerancia contra quienes no aceptaban ese progreso. En lugar de mantener una tranquila superioridad y aguardar que se realizaran las conversiones sin presión, aplicó la espada. El Dios único, desde sus comienzos, fue celoso de las competencias, de todo lo que vulnerase su exclusividad.

Semejante actitud fue inaugurada por el faraón Akenatón, quien impuso la adoración del sol y prohibió el culto politeísta dominante en el antiguo Egipto. Mandó destruir los ídolos y asesinar a sus sacerdotes, como si hubiera sido el padre fundador de la secta talibán. Esta posición fue luego tomada por Josué, el conquistador de la futura Tierra de Israel. El monoteísmo era entonces difícil de sostener y hubo reiteradas deserciones por parte de franjas populares e inclusive de personajes ilustres rumbo al océano politeísta que los rodeaba. Los profetas debieron luchar a brazo partido para defender el Dios único. El monoteísmo fue tomado más adelante por el cristianismo, y se lanzó a imponerlo en el mundo pagano. El surgimiento del Islam marcó otra etapa exigente. El nombre de Dios, cuya unidad era superior a toda unidad conocida, fue el argumento de sangrientos combates.

Me pregunto si el politeísmo hubiera protegido al mundo de las guerras religiosas. Porque, tal como se desarrolló en la Antigüedad, el politeísmo era hospitalario: no tenía dificultades en incorporar a su infinito panteón nuevos dioses, o considerarlos los mismos, pero adorados con otros nombres. Las guerras no usaban la excusa de la religión. Sin embargo —oh, sorpresa— había guerras. En otras palabras, el politeísmo no nos hubiera preservado de las guerras, sino de la excusa religiosa. Hoy, por ejemplo, advertimos que una religión politeísta como la hindú puede también generar fundamentalistas y atacar a los musulmanes con la misma furia que éstos a los hindúes.

20. Las cruzadas

Una de las guerras de religión más largas y crueles de la historia fue la de las Cruzadas. Es notable cómo logró ascender al firmamento de los mitos y ser considerada en Occidente loable epopeya. Sus peripecias fueron cantadas en tono mayor durante centurias. Se exaltó la huracanada fe de sus protagonistas y se justificaron los beneficios económicos, políticos y culturales que produjo. Hasta el presente los vocablos "cruzada" y "cruzado" se asocian con altruismo.

Las evidencias que surgen de las investigaciones históricas no corresponden al imaginario colectivo, sin embargo. Para quienes las idealizaron es doloroso admitir que millares de cruzados fueron al combate por pasiones deleznables. Les cuesta aceptar que la liberación del Santo Sepulcro fue interpretado como un permiso para entregarse al odio, la rapiña y el asesinato.

El concilio de Clermont, Francia, del año 1095, reunió 14 arzobispos, 200 obispos, 400 abates y multitud de fieles. El papa Urbano II se pronunció en forma encendida por el lanzamiento de una guerra sin cuartel contra los musulmanes que ocupaban la tumba de Cristo. En su alocución aulló la famosa e imperativa frase "¡Renuncia a ti mismo, toma tu cruz y sígueme!"

No hizo falta más. Príncipes, señores feudales, siervos, burgueses, campesinos, caballeros y ladrones abandonaron sus tierras y familias para enarbolar las banderas del combate. Los caballeros ansiaban aventuras, gloria y botín; los campesinos se liberaban de pagar sus deudas, la Iglesia podía atraer a los cismáticos de Bizancio y establecer órdenes en Oriente. Se perdonaban los pecados y por cometer el asesinato de infieles se llegaba más rápido al paraíso (los actuales homicidas-suicidas musulmanes no han descubierto nada nuevo, sólo que llevan casi mil años de atraso). Se generalizó un tembladeral sin precedentes y hordas hambrientas encabezadas por frailes interpretaron que era de buen cristiano asaltar, robar y asesinar remisos en la lucha y, sobre todo, judíos.

Centenares de predicadores insistieron en que no había que esperar hasta el desembarco en Tierra Santa para liquidar infieles, pues los tenían a la vista. Si no localizaban musulmanes, buenos eran los judíos que Dios había condenado. Las espadas chorreaban urgencia por vengar al Señor y se lanzaron a matarlos donde los encontraban, sin piedad alguna. Desconcertados obispos como el de Worms y Maguncia dieron transitorio refugio en sus fortalezas a las comunidades amenazadas, pero sólo consiguieron demorar la carnicería. En las ciudades de Speyer, Triers, Colonia, Metz, Wursburg e infinidad de poblados menores fueron incendiadas sinagogas y destruidos los rollos de la Biblia. Se degollaron hombres, mujeres y niños con irrefrenable júbilo, y se bautizó por la fuerza a los sobrevivientes.

El duque Godofredo de Bouillon juró públicamente vengar la sangre de Cristo mediante el exterminio de todos los judíos, "de manera que no quede uno solo que lleve semejante nombre". En Tierra Santa Godofredo celebró haber hecho llegar la sangre de los musulmanes y judíos "hasta los corvejones de mis caballos". Luego fue ungido rey de Jerusalén. Y los vates compusieron versos que lo pintaban como un ser valiente y de dulce corazón.

La segunda Cruzada fue convocada en el año 1146 por el papa Eugenio III y exigió más fervor y eficacia que la primera. Se constituyeron dos gruesas columnas, una comandada por el emperador de Alemania y la otra por el rey de Francia. También se exaltó el odio y varios obispos y señores feudales tuvieron que cobijar a las víctimas de las bandas portadoras de cruces y cuchillos. Se hicieron famosos el monje Pedro de Cligny, que asociaba a los judíos con Caín, y el monje Rudolf, cuyos sermones estimulaban a saquearlos y luego darles muerte.

San Bernardo de Clairveaux denunció con energía al monje Rudolf, al extremo de enfrentarlo cara a cara y ordenarle que regresase a su monasterio. Pero fue inútil: monjes y soldadesca no aceptaron privarse de la orgía que consideraban maravillosa para los ojos de Cristo. Usaban la excusa de su fe con convicción. Entre los valores de la fraternidad predicados por el Evangelio y la sanguinaria exigencia de las hordas, prevalecieron las hordas.

Incontables vilezas cometidas en el viaje a Oriente por ambas columnas determinaron que Luis VII y Conrado III decidieran marchar por caminos distintos para controlar mejor a sus combatientes. A la postre esa idea resultó nefasta, porque los musulmanes los derrotaron separadamente en Asia Menor. Humillados, tanto el rey de Francia como el emperador de Alemania tuvieron que retornar con un lastimoso cortejo de sobrevivientes.

Las sucesivas Cruzadas, que se empeñaron en conseguir su objetivo hasta avanzado el siglo XV, sólo consiguieron éxitos transitorios: las tierras por donde caminó Jesús cambiaban de mano según la habilidad de los guerreros, no la verdad de la fe. Los pequeños enclaves latinos en la costa de Asia Menor, dirigidos por caballeros que poco tenían de santos, no lucieron piedad ni grandeza. Desde el principio al fin chapotearon en un sucio légamo de intrigas y ambición. Fue tan grande la degeneración de los propósitos originales que la octava Cruzada ya no se dirigió a Tierra Santa, sino a Túnez (muy lejana del Santo Sepulcro) y frente a cuyas murallas murió el rey san Luis. Como ramalazo lateral —y elocuente de la generalizada psicosis— en 1212 se puso en marcha la Cruzada de los Niños, que inmoló a multitud de inocentes en tierra y mar, y condenó a muchos a ellos a la esclavitud.

Existieron involuntarias consecuencias positivas, que corresponde señalar. Se intensificaron las relaciones comerciales de Europa con el Mediterráneo oriental, se resquebrajó el andamiaje de la agonizante sociedad feudal, los secundones de la pequeña nobleza tuvieron que emigrar en busca de nuevos horizontes, muchas propiedades agrícolas fueron sacadas al mercado y se resintió la fosilizada y estéril legitimidad de numerosos títulos. Comenzaron a llegar hasta Europa las especias de China e India. Crecieron los conglomerados que había en rutas y ríos (en particular el Rin y el Danubio), dando lugar al desarrollo de ciudades. Se multiplicaron las actividades financieras. Artículos desconocidos como limones, algodón, damasco, muselina, azúcar, púrpura y espejos empezaron a circular de mano en mano. Ingresaron nuevas ideas arquitectónicas, artísticas y filosóficas.

Pero hubo mucho de malo. Se confundieron los presuntos objetivos de Dios con miserables ambiciones humanas.

Se privilegió la razón de la fuerza por sobre la fuerza de la razón, como se dice ahora. Bajo la excusa de poner en marcha un motor espiritual se desmadejó el sadismo de las turbas. El fervor religioso que impulsaban las jerarquías apeló al soborno: cancelación de deudas, permiso para robar, aterrorizar, torturar y matar. Se rebajó el mensaje bíblico a la conquista de tierras y de bienes. La potencia del amor fue cambiada por la potencia del odio. Y sus consecuencias no acabaron en el siglo XV, porque las Cruzadas sembraron un hábito perverso que, en lugar de saciar la violencia, la proveyó de renovada intensidad.

Un gesto admirable tuvo el papa Juan Pablo II al rogar por el perdón de graves pecados en el inicio del tercer milenio. Entre esos pecados figuran las Cruzadas. Dejó perplejos a muchos cristianos.

Fue muy importante señalar a las Cruzadas, porque no suele tenerse en cuenta que jugaron un contundente papel en la demonización de los judíos. A partir de ellas se hicieron más frecuentes las matanzas, además de la ya perseverante discriminación. Peor aún, se fue imponiendo una percepción inquietante, mezcla de odio y miedo, que autorizaba a humillarlos, perseguirlos y asesinarlos con desenfrenada intensidad, como no se había hecho hasta entonces. Lo paradójico era que mientras más se los acorralaba y exterminaba, más fuertes aparecían las víctimas. Lo cual estimulaba a reiterar las masacres. Este absurdo se consolidó con el correr de los siglos. Los nazis, por ejemplo, creyeron a pies juntillas que la minúscula población judía de Alemania era la culpable de todos los males del país. Ahora el océano árabe-musulmán sostiene que el minúsculo y cercado Israel los va a conquistar y poner de rodillas.

¿Por qué? ¿Para qué? Escuchemos una posible respuesta.

21. Una teoría diferente

Entre las teorías sobre el antisemitismo —sociológicas, políticas, económicas, antropológicas, teológicas— existiría una adicional que he presentado hace unos años: el factor *siniestro*, un fenómeno que merece atención.

En el año 1906 E. Jentsch presentó un trabajo que intentaba explicarlo por primera vez. Señaló aspectos importantes, aunque limitados a la superficie. Sostuvo que se caracterizaba por tres elementos fundamentales: primero, una incertidumbre intelectual sobre la naturaleza de lo que se percibía; segundo, que era experimentado con distinta intensidad según las personas; y tercero, que hacía predominar la sensación de que a uno lo enfrentaba algo novedoso, *no familiar* (*Unheimlich*). Su mayor mérito residió en esto último, precisamente: en haber llamado la atención sobre la palabra *Unheimlich*. Trece años después Sigmund Freud retomó el tema y aprovechó la riqueza etimológica que el idioma alemán le ofrecía. Hasta donde pudo averiguar en su tiempo, no había otra lengua que le permitiese sumergirse, con tan sorprendentes resultados, gracias al hilo conductor de la curiosa palabra *Unheimlich*.

De esa forma descubrió que lo siniestro se refiere a objetos o situaciones que ahora espantan, pero que antes no sólo no espantaban, sino que habían sido conocidas y hasta familiares, es decir *Heimlich*. En consecuencia, no se trataba de algo novedoso —como supuso Jentsch—, sino que sólo *parece* novedoso. En realidad no lo es. De ahí que una primera aproximación lleve a concluir que *Unheimilich* es lo opuesto de *Heimlich*. La pesquisa demostró, sin embargo, que ambas palabras en muchos giros idiomáticos, ¡también son sinónimos! ¿En qué quedamos entonces? En que lo conocido y familiar (*Heimlich*) puede, bajo ciertas circunstancias, aparecer como desconocido, como no familiar (*Unheimlich*). Son palabras que a veces juegan como antónimos y a veces como sinónimos, lo cual permite mover de forma sorprendente las reacciones del psiquismo. Pero algo completamente asombroso fue advertir que *Unheimlich* se refería también a todo lo que debía haber quedado oculto, secreto, y que se manifiesta. Esta observación brindó la clave para entender de qué forma lo grato se transforma en espeluznante.

La fuerza del fenómeno no radica únicamente en su carácter atroz actual, sino en que antes fue considerado benéfico, querible. Si no tuviese este rasgo, su poder desconcertante y aterrador no sería tan extremo. Lo siniestro es también la parte de uno mismo que se rechaza (por escisión inconsciente del yo) y se coloca en otro lugar.

Es un tema que fue objeto de numerosos estudios que se apoyan en la lingüística, la literatura y la clínica. A mi juicio, explica también gran parte del pasaje de lo familiar a lo no familiar, de lo conocido a lo des-conocido, de lo hogareño a lo terrorífico, de lo querido a lo odiado, que se observa en el caso de los judíos. Su historia de siglos revela un lento y continuo pasaje de la calidez hogareña original, hacia un extrañamiento que genera el olvido de la primera etapa y lleva a un retorno macabro de lo reprimido, que se presenta como nuevo y amenazante.

Antes de surgir el cristianismo los judíos no fueron objeto de una obsesiva consideración por parte de otros pueblos. Es verdad que a partir del exilio babilónico habían comenzado a reforzar sus rasgos específicos —monoteísmo ético, rechazo de otras divinidades, estudio sistemático de sus textos sagrados, cancelación del analfabetismo, cultivo de dietas, solidaridad comunitaria, centralidad de Jerusalén, acatamiento a una legislación propia, etc.—, que motivaron curiosidad, prejuicios y a veces la hostilidad de sus vecinos. Pero los griegos no mencionaron a los judíos hasta el siglo de Alejandro Magno. Durante el Imperio Romano tuvieron una importancia secundaria; los conflictos con el poder provenían de las rebeliones que estallaban en Judea y se consideraban de naturaleza político-militar. Con pocas excepciones, no hubo manifestaciones antisemitas de magnitud ni la palabra "judío" tuvo el contenido aberrante y atroz que le fue inyectado después.

El cristianismo brotó del judaísmo sin características diferenciales nítidas. Fue una de las tantas sectas que nacían de su seno. La primera comunidad cristiana estuvo compuesta sólo por judíos en su casi totalidad y vivió en Jerusalén hasta la destrucción del segundo Templo. Esos cristianos primitivos respetaban escrupulosamente la ley mosaica y se dedicaban a reclutar prosélitos judíos. El único ritual novedoso era la eucaristía: compartir el pan y el vino en el día siguiente al sagrado Shabat, primer día de la semana que después se llamó domingo. Por lo demás, no había contradicción alguna entre las enseñanzas que había impartido el Maestro y las enseñanzas de los rabinos. Durante décadas los cristianos y los judíos rezaron juntos en las mismas sinagogas. Eran hermanos de verdad. La grieta comenzó con el triunfo de Pablo en su polémica con Pedro, que estableció la "circuncisión del espíritu" en lugar de la tradicional "circuncisión de la carne". La popularidad ascendente del judaísmo entre los paganos —debido en particular a su ética, que consideraba a todos los seres humanos iguales, hijos de un solo Dios— facilitó la conversión hacia la nueva vertiente, que no exigía el corte del prepucio.

Las comunidades judías que existían en toda la cuenca del Mediterráneo fueron las primeras destinatarias de los viajes que realizó el apóstol Pablo. Concurría a sus sinagogas, porque allí lo comprendían más rápido y mejor. Tan unidos estaban los judíos y los cristianos que una mente lúcida como la de Suetonio los confundió. En *Los doce Césares* cuenta que "Claudio echó de Roma a los judíos que habían hecho un gran ruido a causa de Chrestus".

El proselitismo cristiano derivaba del judío, por entonces intenso y eficaz. Pero pronto asomó su cabeza el factor de la competencia entre ambos. Los pocos cristianos no tuvieron otro recurso que descalificar a su poderoso rival; empezaron a decir que Dios había quitado a Israel su condición de pueblo elegido para transferir el privilegio a quienes creían en la resurrección de Jesús. Los judíos, por su lado, optaron por tomar distancia de la nueva corriente; algunos la consideraron apóstata. La evolución teológica del cristianismo pasó por encendidos debates hasta consolidarse el dogma de la naturaleza divina de Jesús. Esto chocó en forma categórica con su matriz judía, que se aferraba a un sedimentado antiantropomorfismo. No obstante, los vínculos entre cristianos y judíos siguieron siendo más fraternales que con los paganos. Las evidencias son numerosas: muchos mártires cristianos fueron enterrados en cementerios judíos y —según Tertuliano— los judíos asilaban en sus sinagogas a los cristianos perseguidos. Los primeros teólogos y exégetas concurrían a instruirse con rabinos, como fue el caso de san Jerónimo. Durante dos siglos ambas comunidades mantuvieron el mismo calendario lunar, lo cual determinaba que coincidieran y se encontrasen en las mismas festividades.

La prédica cristiana, sin el obstáculo de la circuncisión de la carne, ganó terreno al proselitismo judío. Pero éste siguió su curso, como lo prueba un decreto del emperador Antonino Pío que restablece la libertad del culto judío, pero prohíbe que los no judíos se circunciden, bajo pena de muerte o destierro.

En el siglo IV Roma adoptó el cristianismo como religión oficial y emergió el denominado *antisemitismo teológico*. La reiterada prédica de que Israel había perdido el favor divino se convirtió en algo más grave: que había sido castigado a hundirse en la desgracia. Esta certeza abrió las puertas a la multiplicación de conceptos descalificantes. Los originales lazos de fraternidad se mutaron en lazos de desprecio. El viejo amor pasó a ser odio desembozado. Se llegó al punto crucial de acusar a los judíos (todos los judíos) de algo que hasta ese momento no se habían atrevido a manifestar: que eran los únicos culpables de la Crucifixión. En consecuencia, ya no quedaban obstáculos para clavar en el corazón de Israel la más absurda y criminal de las etiquetas: pueblo *deicida*. De esa forma se quitaba toda responsabilidad a los romanos y se cerraban los ojos ante el conocido hecho —por la tradición y los textos existentes— de que fue el poder imperial de Roma quien se ocupó de arrestar, torturar, juzgar, condenar y asesinar a Jesús con el mismo instrumento de la cruz con el que venía asesinando a los millares de judíos que se sublevaban contra su opresión.

A un pueblo deicida se le pueden atribuir todas las maldades. ¿Existe algo más abyecto que dar muerte a Dios? Era el permiso para una explosión de fantasías y proyecciones. Gregorio de Nicea, en un arrebato de odio, dijo que son "verdugos del Señor, asesinos de los profetas, rebeldes y rencorosos hacia Dios, ultrajan la Ley, se resisten a la gracia y repudian la fe de sus padres. Son comparsas del diablo, raza de víboras, delatores, calumniadores, nublados de inteligencia, sanedrín de demonios, malditos, execrables, lapidadores, enemigos de todo lo bello". Y san Juan Crisóstomo afirmó: "…lupanar y teatro, la sinagoga es también caverna de bandidos y guarida de bestias salvajes". Se había olvidado que en sinagogas estudió y predicó Jesús, así como sus discípulos y apóstoles, que en ese ámbito bebieron valores y conocimientos los evangelistas y primeros exégetas.

Las decisiones conciliares de los siglos V y VI (concilios de Vannes, 465; de Agde, 506; de Epona, 517; de Orléans, 533; de Clermont, 535) prohibieron que los cristianos comiesen en mesas judías, desaconsejaron los matrimonios mixtos, ordenaron no observar en el día domingo las prácticas sabáticas y negaron a los judíos el derecho de integrarse a las muchedumbres cristianas durante la fiesta de Pascua. Estas disposiciones, además de su carácter discriminatorio, revelan que aún subsistía una importante competencia entre ambas religiones y que la cristiana en ascenso necesitaba terminar de vencer a la otra. Pero ni siquiera escritos rabiosamente antijudíos como las cinco epístolas del arzobispo Agobardo (778-840), donde abundan las calumnias, acusan a los judíos de prácticas diabólicas, acusación que será en el futuro un tema dominante.

La garúa de descalificación permanente fue calando en el tuétano del imaginario colectivo hasta que en el siglo IX, antes del primer milenio que desencadenaría fantasías de carácter apocalíptico, se introdujo una llamativa reforma en la liturgia. Hasta entonces, en las plegarias de Viernes Santo se acostumbraba a orar por los catecúmenos, los judíos y los paganos, en ese orden, y arrodillándose al terminar cada plegaria. Pero la modificación resolvió que *pro judaeis non flectant* (no arrodillarse por los judíos). Este cambio expresaba que eran más indignos que los paganos, que habían descendido al más bajo escalón de la especie. Poco después entró a tallar el impacto de las Cruzadas, que vamos a tratar ahora nuevamente, porque nos permitirá entender la definitiva metamorfosis de lo *Heimlich* (familiar) en *Unheimlich* (no familiar, siniestro) y sus terribles consecuencias.

22. La tormenta y sus estragos

La mística guerrera, que dio permiso para matar, no podía dejar a un lado la impregnación del odio antisemita que venía de centurias. Los pogroms de diversa intensidad en frecuencia y número de muertos que venían estallando desde la oficialización del cristianismo, eran el precedente que estimulaba a seguir con su práctica. El abate Pierre de Cligny rugió: "¿Para qué emprender un viaje al fin del mundo, con cuantiosas pérdidas de hombres y de dinero para combatir a los musulmanes, si mientras tanto permitimos que vivan entre nosotros infieles que son mil veces más culpables hacia Cristo?". Y el monje Rodolfo de Alemania insistía: "¡Vengad primero la sangre del Crucificado atacando a sus enemigos que viven entre nosotros, y después id a luchar contra los mahometanos!". Estas consignas se expandieron como ráfaga y su consecuencia fue que se pasaron a cuchillo comunidades enteras, hasta su casi total desaparición. Fue un genocidio sin precedentes en Europa. Pero en muchos casos, con las armas entintadas de sangre, se les ofrecía una escapatoria: la conversión. Es decir, dejar de ser judíos, desaparecer como judíos. Estas conversiones forzosas se convirtieron en el pan de cada día, con obvios retornos a la fe primitiva que eran castigados en forma brutal. El papa Inocencio III firmó una bula en 1201 para poner las cosas en su lugar. Reconoció que "es contrario a la fe cristiana que alguien se vea obligado a adoptar y observar el cristianismo", pero al mismo tiempo afirmó que "si han sido ungidos con óleo sagrado y participado del cuerpo del Señor, deben ser obligados a seguir respetando la fe que aceptaron por la fuerza". Este último párrafo era más atractivo y hacía olvidar el primero; las conversiones forzosas prosiguieron durante siglos.

Las matanzas marcaron el deterioro irrefrenable de la vida judía en Europa, pero también una profundización del odio cristiano. El crimen no suscitaba compasión ni solidaridad, sino la convicción de que los judíos eran de verdad execrables, eran bestias que se necesitaba hacer desaparecer. Eran "la sinagoga ciega y derrotada", como se predicaba y hasta esculpía en las catedrales. No merecían seguir viviendo. Su sola presencia era considerada una anormalidad perturbadora.

Pero el monstruo, aunque estaba acorralado, no terminaba de morir.

No moría ni siquiera en el espíritu de sus verdugos. Resucitaba de forma inesperada, con visos de pesadilla. Tantos asesinatos, tanta sangre derramada, tanta crueldad sin resultados definitivos generó una inevitable culpa inconsciente. Los muertos podían regresar para cobrar su venganza. El temor redobló la urgencia para seguir asesinando. Era la desesperación por cortar las cabezas de una hidra que se reproducía en forma alucinante. La indefensión judía no provocaba misericordia, sino asombro. Nunca se conseguía matarlos del todo ni hacerlos desaparecer mediante la conversión y regresaban en los sueños a cobrarse el desquite. Asustaba que los judíos, pese a haber perdido la protección de Dios y sufrir tanto exterminio, no acabasen por desaparecer. Brotaban de las tumbas como espíritus malignos decididos a arrasar el mundo cristiano. Su inmortalidad no podía provenir sino del Demonio.

En esa época se acentuó como nunca la escisión entre el judío real y el judío imaginario. Y se puso en marcha un fenómeno nuevo: mientras más se aplastaba al real, más crecía la sensación del peligro que representaba el imaginario. Ascendía lo *Unheimlich*. Medio siglo después de la primera Cruzada surgieron fantásticas versiones sobre crímenes que cometían los judíos con fines rituales. En diversos sitios donde se liquidaron comunidades enteras surgieron cuentos sobre niños cristianos secuestrados y asesinados. El primer caso de asesinato ritual presuntamente efectuado con el fin de untar el pan ázimo con la sangre de un niño cristiano fue "certificado" y debidamente castigado en Inglaterra, en el año 1144. Luego siguieron otros.

Una imputación más sutil fue la historia de la profanación de hostias. Pese a que las investigaciones ordenadas por el emperador Federico II y varias bulas papales refutaron semejante superchería, siguió reproduciéndose, con el inevitable incremento de las persecuciones. Y éstas llevaron a que en el cuarto concilio de Letrán, celebrado en 1215, se decidiese que los judíos llevaran un signo distintivo sobre su ropa. Ese precedente culminaría en el Holocausto con la imposición nazi de la estrella amarilla. En el siglo XIV ya se había arraigado tanto el uso del redondel o el gorro puntiagudo, que los artistas empezaron a pintar a los judíos de esa forma, incluidos reverenciados personajes del Antiguo Testamento.

Al vestir en forma diferente, se lo acabó representando como alguien que era profundamente diferente. Ya no quedaban obstáculos para pensarlo con el cuerpo diferente: rabo de cerdo, cuernos de cabra, colmillos de tigre, voracidad de buitre, pezuñas. Y odiarlo sin atenuantes. Se aceleraba la percepción del judío como alguien que no pertenecía a la especie humana (los supremacistas blancos norteamericanos aseguran que son descendientes del Diablo, que violó a Eva).

En 1298, a raíz de que en la pequeña ciudad de Rottingen alguien denunció la profanación de una hostia, se formó una banda encabezada por el malviviente Rindfleisch, quien no sólo asesinó a los judíos de su ciudad, sino que recorrió gran parte del país incendiando y rapiñando sinagogas y viviendas. Fue la primera vez que *todos* los judíos, sin diferencias de rango ni lugar, eran acusados colectivamente. Esto facilitó que luego de "la Cruzada de los pastorcillos" se difundiese la certeza de que los leprosos y los judíos conspiraban asociados y envenenaban las fuentes y los pozos.

Tras la despiadada carnicería aumentó el miedo a la retaliación. El círculo perseguidor-perseguido se tornó vertiginoso y sepultó la poca racionalidad que podía aún existir. El miedo se tornó insoportable cuando en 1347 estalló la peste negra, que en tres años eliminó un tercio de la población de Europa. ¿Quiénes podían ser los culpables de tamaña tragedia, si no los judíos? En 1394 el rey Carlos VI de Francia, "movido por la maléfica influencia de los judíos sobre los cristianos", ordenó su expulsión. Los judíos ya habían sido expulsados de Inglaterra en 1290. Después, en 1349, de Hungría. De Austria en 1421, de Lituania en

1445, de España en 1492 y de Portugal en 1497 (estas dos
últimas tuvieron especial significación, porque amputaron
una de las culturas más florecientes y productivas de Europa). También hubo expulsiones de Alemania, Moravia y
otros países. Las marchas forzosas no se limitaban a la ex-
propiación y el exilio, sino a la muerte de millares de personas por asalto, inanición y desesperanza.

Los epítetos llenos de odio que se descargaban sobre los
judíos desde el púlpito terminaron por arraigarse: felones,
perversos, malditos, hipócritas, mentirosos, violadores, sanguinarios. Proyectaban en ellos lo que a ellos les hacían. La
pintura los retrataba con brutal sadismo, atribuyéndoles
cuanta tortura existía en la vida concreta o en la fantasía
del artista. A partir del siglo XIV se impuso la obsesión de
representar la Pasión y Crucifixión de la forma más espantosa, mostrando a los judíos como únicos culpables de tanta crueldad. El populacho, excitado, se lanzaba con frecuencia a vengar los sufrimientos de Cristo. En esa época nació
el tema de la *Danza macabra*, que está relacionado con el
fenómeno de lo *Unheimlich,* siniestro.

El antisemitismo se había arraigado de tal forma que
un humanista como Erasmo de Rotterdam llegó a confesar: "Si es propio de buenos cristianos detestar a los judíos,
entonces todos somos buenos cristianos".

Tampoco se necesitaba la existencia de judíos reales para que gotease el veneno del odio. En 1378 el autor floren-
tino Giovanni Fiorentine utilizó una leyenda que provenía
de Oriente y se inspiraba en las leyes romanas de las XII
Tablas. El protagonista era a veces un esclavo resentido o a
veces una encarnación de Satanás; se presentaba como un
voraz acreedor que reclamaba "una libra de carne". Giovanni Fiorentine, en su relato "Il Pecorone", transforma al per-

sonaje central en un judío. Dos siglos más tarde ese texto servirá de inspiración a dos piezas teatrales: *El judío de Malta*, de Marlowe, y *El mercader de Venecia*, de Shakespeare. Ni Marlowe ni Shakespeare habían jamás visto un judío.

En el siglo XV el judío no sólo se distinguía por llevar el redondel en su ropa o un sombrero de punta en la cabeza, sino por caricaturescos rasgos, supuestamente raciales. Empezaba el racismo antijudío, aunque muy lejos de asumir ese nombre. Su nariz se tornó ganchuda, como la de los buitres, sus uñas largas, sus dientes afilados, su barba era la del macho cabrío, su mirada maliciosa e inclemente. La caricatura más antigua de este tipo se halla en la *Weltchronik* de Schedel (1493) y describe la sangría del niño cristiano Simón de Trento para fines rituales (este niño fue luego llevado a los altares y aún figura en el calendario de los santos). Poco después se añadieron otros atributos físicos a los judíos, como los cuernos y el rabo. Son los atributos del Demonio. En conclusión, los judíos "son el Demonio". Son irredimibles, principales portadores del Mal. Son lo siniestro (*Unheimlich*), que había sido conocido, querible, familiar (*Heimlich*) y ahora emerge de las terroríficas cuevas de lo reprimido.

Después de la peste negra aumentó la caza de brujas y el Diablo se convirtió en una presencia cotidiana. El Diablo era el antagonista de Dios y los judíos su brazo armado, porque asesinaron a Dios. Llegó a ser tan arraigada la creencia en el olor del Diablo, que se lo consideraba también el típico olor de los judíos. La fantasía del *faetor judaicus* llegó hasta el siglo XX, en que el antropólogo nazi Hans K. Güntrer propuso estudiarlo con análisis químicos. Eran tan demoníacos los judíos que muchos creyeron que para hacer morir a alguien bastaba pedir a un judío que rezara por él.

Finalmente fueron encerrados en guetos. Tras los muros, esas comunidades oprimidas, discriminadas, humilladas e inermes, se replegaron por siglos y sobrevivieron gracias a su organización interna aferrada a la ley. Fuera de los muros, mientras, crecía el mito de su misterio y extraordinario poder. Allí habitaba lo siniestro.

En muchas ciudades, durante Semana Santa se abofeteaba en público al representante más significativo de la comunidad, era una humillación que se celebraba colectivamente, que daba rienda suelta al odio cultivado desde antes de nacer. Las burlas se multiplican mediante chistes, caricaturas y leyendas. El judío es un personaje temible y sanguinario, pero también cómico. Es una forma de poder atacarlo sin el miedo que genera lo siniestro. El antisemita no podría efectuar sus atentados si previamente no desvaloriza a quien tanto teme.

En el siglo XX se asistió a la manifestación más extrema y desnuda de antisemitismo, el Holocausto. Pero el fenómeno de lo siniestro no se esfumó. Ha renacido el antisemitismo en Europa con inesperada virulencia y el mundo árabe-musulmán ha comprado a ciegas toda la parafernalia de distorsiones y calumnias antijudías de Occidente. El judío vuelve a ser siniestro, algo que no debe manifestarse. Y si se defiende, genera el pavor de un muerto resucitado que trae del sepulcro fuerzas sobrenaturales y una crueldad nacida en los infiernos.

Para construir el sentimiento de lo *Unheimlich* se tuvo que hacer correr mucha prédica, tinta, tormentos y sangre. Hubo que inculcar el deicidio hasta borrar de la conciencia el recuerdo de los buenos tiempos. Había que degradar su condición humana y convertirlo en subhumano. Había que elevar su exterminio —por el asesinato o la conversión forzosa— al nivel de la virtud. Había que transformar su cuerpo y su alma en una especie de endriago amenazante.

Sin embargo, para alcanzar la fuerza de lo siniestro no basta el olvido de la antigua relación fraternal y la asunción de su actual calidad monstruosa. No todo lo que vuelve de la represión psíquica es siniestro. Los mecanismos que producen la sensación de siniestro responden a *convicciones* que tanto el hombre primitivo como el niño consideran absolutamente reales y que ni siquiera los adultos de las edades Media, Moderna y Contemporánea han logrado superar del todo. Es decir, la presencia de fuerzas ocultas, nefastas y omnipotentes, así como la creencia en el horrible retorno de los muertos. Estas creencias no alcanzan tampoco por sí solas, como lo demuestran abundantes situaciones desarrolladas por la ficción, los sueños y las fantasías. A ello hay que agregar la catálisis del peligro, de la amenaza.

En la prehistoria los espíritus malignos brotaban del adversario que se acababa de asesinar. Aunque provenían de un ser muerto, lo misterioso e intolerable de la muerte generó la certeza de que esos espíritus tenían más fuerza y más crueldad. De ahí que las matanzas sólo hayan estimulado el redoble de las matanzas; cada judío vivo podía ser la reencarnación de uno muerto que venía a desquitarse. Los judíos vivos no sólo eran ellos, sino los espíritus malignos que anhelaban destruir la cristiandad mediante la sangría de niños, la profanación de hostias, el envenenamiento de fuentes y pozos, la ruina económica. Tenían un poder sobrenatural y un odio sin límites.

Es notable cómo la culpa por el genocidio no inhibe a los victimarios, sino que les alimenta el miedo a la retaliación. Por lo tanto, deben seguir matando antes de que la venganza se cumpla. Hay que destruir por completo a la víctima antes de que sea demasiado tarde. Casi un milenio después se alcanzará la formulación más elocuente y sincera: "solución final". Exterminio total, sistemático, para que no quede un solo cuerpo donde se reencarnen los asesinados para clamar justicia. El tirabuzón es nefasto: el sufrimiento de las víctimas sólo convoca a infligirles más sufrimiento.

La segregación en guetos no resolvió el problema, porque se sentía que esa área de la ciudad incubaba la conspiración secreta, el peligro, la amenaza. No se los consideraba seres acorralados e indefensos, sino demoníacos. Últimamente se ha trasladado esa sensación a un país acorralado como es Israel. Pero Israel ha fortificado la sensación de amenaza porque ya no procede como los judíos de los guetos, ya no se deja matar. Que el judío no se deje matar, para el antisemita, es inaceptable.

23. La risa trágica

La literatura no podía escapar a los prejuicios. Un siglo después de la última Cruzada William Shakespeare reveló con arte la fuerza del antisemitismo que regía entonces.

El mercader de Venecia es un título que no se refiere a Shylock —como se confunde habitualmente—, sino a Antonio, un comerciante en apuros que necesita financiación. Pero la obra destaca al personaje más complejo y potente: el judío y usurero Shylock, cuya figura se hizo inmortal.

Hasta el siglo XIX quien desempeñaba el papel de Shylock se ponía una peluca roja para que fuese inequívoca su relación con el demonio. Las audiencias temblaban ante su abominable desempeño y aguardaban inquietas el tramo final para regodearse con el castigo que sin lástima le infligían los demás personajes de la obra.

Shylock —al decir de Borges en su poema *Israel*— es *Un hombre encarcelado y hechizado,\ un hombre condenado a ser la serpiente\ que guarda un oro infame,\ un hombre condenado a ser Shylock*. Es un viejo codicioso, rudo y vengativo. Nada le faltaba como expresión del Mal. Es *el judío*. Y judío, por entonces en Gran Bretaña y otros países, equivalía a la hez del género humano. Habían sido expulsados siglos atrás de las islas y se podía proyectar en ellos todo lo que se deseaba y realizaba, y era condenable. Shylock ni siquiera era un vecino, porque se lo ubicó en la lejana Venecia. Piedra libre, entonces.

En 1814 Edmund Kean, un actor hasta entonces desconocido, produjo una revolución al representar a Shylock de un modo inédito. Descartó la peluca roja y dotó al rudo personaje de digna humanidad. El regreso de los judíos a Gran Bretaña y la asidua lectura de la Biblia produjo un cambio del mito. Las sucesivas representaciones comenzaron a evitar el maniqueísmo original, que las audiencias percibían inverosímil, pueril. El actor Henry Irving dijo: "yo veo en Shylock al representante de una comunidad perseguida, casi el único caballero de la obra, y el peor tratado".

La toma de conciencia sobre el antisemitismo que prevaleció hasta esa época, el desarrollo de una mentalidad liberal y la expansión del movimiento romántico afín con los *outsiders* transformaron al prestamista en un anciano sufriente, que luchaba solo y discriminado contra una sociedad donde triunfan únicamente los superficiales y los pícaros.

Sin embargo, la tendencia a imaginar los judíos en términos bestiales había calado muy hondo en el mundo y Shakespeare no fue una excepción. Otras obras de ese tiempo —*El judío de Malta,* de Christopher Marlowe, por ejemplo— eran más prejuiciosas aún. Poco tiempo antes había sido ejecutado en Londres el médico judeo-portugués Rodrigo López, un erudito contratado por la corte para asis-

tir a la reina Elizabeth, y que fue acusado de querer enve-
nenarla. Las pruebas apenas resultaban creíbles y la sobe-
rana dudó en estampar su firma al pie de la sentencia. Pero las intrigas de palacio y la sed de sangre que se expandió
en el populacho terminaron por convencerla de una medida que la inquietó durante años. En consecuencia, el estre-
no de piezas que denigrasen a los judíos tenían el éxito ase-
gurado.

No obstante, en *El mercader de Venecia* refulge el genio
de Shakespeare. A pesar de la atmósfera alienada, su autor
no se dejó aplastar del todo por el prejuicio y asumió la humanidad de su personaje. Fue concesivo en los rasgos de in-
clemencia que se asignaba a los judíos, pero no pudo dejar
de marcar los fuertes sentimientos de amor que poblaban
su alma. Cuando se lo acusaba de vengativo, Shylock recuerda a sus hipócritas fiscales que la venganza le fue en-
señada por el mundo cristiano. Shakespeare introdujo un
incómodo conflicto de percepciones: Shylock es el malo,
pero también pleno de dignidad. Un perseguidor que no
deja de estar perseguido, un victimario que es víctima.

Por un lado lo muestra como el *senex* de la comedia romana, un hombre que trata de impedir que su hija Jessica
y su fortuna sean llevadas por el amante que le antepuso el
destino. Por el otro describe con colores fuertes su arquetipo de usurero. Es anunciado por el sirviente Gobbo como "el diablo encarnado". En ocasiones los demás se refie-
ren a él como bestia, perro o lobo. Es un ser amargado que
odia las fiestas, desconfía de las máscaras y desprecia la música (rasgos nada judíos; lástima que Shakeapeare no haya
tenido la ocasión de conocer a un solo judío). Su identidad
es rígida, así como sus brutales exigencias. Parece más inclinado a la venganza que a la justicia. Quiere una libra de

carne por sobre todas las cosas, como los salvajes. En consecuencia, se hace eco de la mítica versión de que los judíos beben y engordan con sangre cristiana, un libelo que no cesa de fascinar.

Pero es sólo Shylock quien se atreve a mostrarse sin cosméticos ni mentiras. Su condición humana trepa a una altura antológica en el largo párrafo que empieza "¿Acaso un judío no tiene ojos?". Sus sentimientos son profundos y tiernos cuando se entera, conmocionado, de que su hija ha cambiado un anillo de turquesa por un mono. A ese anillo "Lo obtuve de Lea (su fallecida esposa) cuando era soltero. No lo habría dado ni por una selva de monos". Ahí no habla el granítico villano ni el ambicioso voraz, sino un hombre dolido que amó profundamente, que fue amado y aún llora su larga viudez. Es un padre al que su única hija traiciona alegremente. Y entonces su presencia se vuelve trágica. El final lo confirma, al ser objeto de un juicio falso donde se lo despoja no sólo de todos sus bienes materiales, sino también de los espirituales, mediante la forzada conversión.

Shylock nos revela que esa pieza no es comedia, porque en lugar de risa provoca lágrimas. Es una denuncia de la injusticia que practican los dominadores.

El prejuicio antisemita determinó que durante siglos *El mercader de Venecia* haya sido considerado una divertidísima comedia. Porcia, Antonio, Bassanio y Lorenzo encarnan la gracia, la travesura, el ingenio y la amistad que prevalecen en el género. Pero son personajes exasperadamente insensibles ante el dolor del anciano Shylock, un detestable perro que anhelan apalear sin consideración alguna.

Frente a ellos, por lo tanto, se eleva la estatura del incómodo *outsider*: excluido, odiado y objeto de abusos, pero sólido. El poeta Heinrich Heine —en su trabajo sobre las mujeres de Shakespeare— evocó el grito de una belleza que asistía a una representación de la obra en Drury Lane: "¡Basta de iniquidades con ese pobre viejo!". Heine añadió que en otro país con una justicia más ecuánime, los burladores de Shylock hubieran terminado en la cárcel o la horca.

Podemos concluir que la vigencia y el atractivo de ese personaje —y de la obra— reside en su ambigüedad. Oscila entre el grotesco y la tragedia, la realidad y el mito, el prejuicio y la sensatez, la misericordia y el rigor. El pérfido Shylock termina siendo vencido en escena por los felices "proclamadores" de la misericordia, pero a la postre queda prendido en el corazón de la audiencia que son éstos los ruines y tramposos, que ni siquiera tienen noticia de su maligna condición.

24. Jesús y el dentista

Viajaba Amos Oz en tren por Francia junto a dos monjas católicas. Tras conversar un rato sobre asuntos sin importancia le preguntaron de dónde era. El escritor respondió: "De Jerusalén". Las monjas se asombraron: "¡Pero cómo vive allí; dicen que ahora Jerusalén está llena de judíos!". Amos Oz les explicó sin rodeos que también él era judío. Entonces las religiosas se miraron perplejas y, finalmente, una de ellas le reprochó: "Jesús fue muy bueno; ¿cómo pudieron hacerle *eso* los judíos?". El escritor, muy serio, aclaró que coincidía con ellas, que Jesús fue muy bueno, pero que no tenía nada que ver con *eso* a que se referían; que aquel fatídico Viernes Santo de hacía dos mil años él tuvo cita con su dentista y no pudo asistir al juicio ni a la ejecución.

Amos Oz es el autor israelí más traducido y celebrado dentro y fuera de su país. También es un aguerrido defensor de los derechos humanos y cofundador del movimiento Paz Ahora, que tanto influyó en el acercamiento palestino-israelí. Con motivo de la visita de Juan Pablo II a su tierra, produjo un artículo del que vale la pena retener algunos conceptos.

Dice que entre las ignorancias que existen sobre los judíos, tiene mucha densidad la que se refiere a la tenaz humillación que los cristianos les infligieron durante siglos. No sólo padecieron persecución y matanzas, sino desprecio, mofa y calumnia. Se les exigía pedir perdón por los sufrimientos y la muerte de Jesús, y por su absurdo y pugnaz empeño en querer seguir siendo judíos a pesar de sus miserias.

El escritor reconoce que por esa causa a sus parientes más ancianos les producía el mismo malestar hablar de Jesús que de sexo. Cuando adolescente se enteró de que Jesús fue judío y, feliz, corrió a decírselo a una tía; pero ella suspiró: "Ojalá no lo hubiera sido; durante miles de años nos han culpado por los líos que él mismo se buscó".

El mundo cristiano logró convencer a la mayoría de los judíos de que los ofendían y exterminaban, de generación en generación, por causa de Jesús. En consecuencia, a los judíos les costaba diferenciar al sublime Maestro de sus sanguinarios discípulos. No podían entender que el Jesús histórico haya sido tan judío como ellos y que también lo hubieran matado como a los demás judíos: haciendo mofa de su identidad. Si fue tan judío como ellos y lo mataron burlándose de su condición judía, ¿cómo podían acusar a los judíos por sus sufrimientos y asesinato? Era absurdo.

Como dijeron la monjas del tren, eso —innombrable por su carga de maldad imperdonable— motorizó el antisemitismo de centurias. Hasta la misma crucifixión —practicada masivamente por los romanos, y padecida por millares de judíos antes y después de Jesús— pasó a ser un invento atribuido a una de sus principales víctimas, los judíos.

Amos Oz añade con ironía que su pueblo ha sido blanco del "amor" cristiano. Se le repetía desde tiempo inmemorial que debía cambiar de creencias, tradiciones e identidad, por su bien. De esa forma cesarían las persecuciones y la discriminación. Tanto era el "amor" que a muchas generaciones les impusieron conversiones forzosas, expulsiones masivas y devastadores pogroms para "salvarles" el alma. La conversión de los judíos llegó a ser algo más que una obsesión: era sinónimo de advenimiento, redención universal, segunda llegada de Cristo. Más aún: los judíos, por negarse a perder su arcaica e innoble identidad, tenían la culpa de que no llegase la Parusía y, en consecuencia, merecían ser castigados doblemente.

Las viejas tías de Amos Oz aseguran, no obstante, que los judíos necesitan *un río de verdadero amor cristiano*. Porque las ofensas, de tan ruidosas y obstinadas, aún hieren los oídos. Hace años, por ejemplo, llegó a Israel Paulo VI —recuerda Amos Oz—. Ese Papa gastó un notable empeño en no mencionar ni una sola vez la palabra Israel ni la palabra judío, no visitó el monumento al Holocausto ni ningún sitio de importancia religiosa o nacional judío. Después, por razones inexcusables de protocolo tuvo que mandar una carta de agradecimiento a las numerosas atenciones recibidas; pero la envió a un tal "presidente Shazar, Tel Aviv", sin especificar presidente de qué país ni nación: tal vez era el presidente de una compañía de seguros. Esa actitud mezquina y desdeñosa hizo que muchos judíos volvieran a sentir la exclusión que su pueblo padeció durante casi dos milenios. Era como si aún no se hubiera levantado la acusación de deicidio y tuvieran que seguir pidiendo perdón por algo que no hicieron.

25. Hombres-antídoto

Frente a la abominación del racismo se han levantado muchas personas valientes. Como homenaje a ellas recordaré dos casos ejemplares.

Primero me referiré a Ian Karski.

Karski fue un diplomático polaco. Un justo que, según la leyenda, contribuyó con otros pocos parecidos a él a salvar el universo. En plena conflagración, ante interlocutores semisordos o burlones por escepticismo o conveniencia, puso en riesgo su vida para denunciar la maquinaria asesina del Tercer Reich.

Nació poco antes de la Primera Guerra Mundial en la ciudad de Lodz, en el seno de una familia católica practicante. Realizó estudios con los jesuitas y cursó Derecho. Cultivó varios idiomas, viajó por casi toda Europa e ingresó en la carrera diplomática de su país. Era refinado, elegante y devoto.

Fue llamado a las armas a comienzos del año 1939, cuando el mundo empezaba a incendiarse. Poco después, tras haber sido desgarrada Polonia como un trapo viejo entre Alemania y la Unión Soviética, fue tomado prisionero por el Ejército Rojo y llevado a un campo de concentración. Su futuro era negro y el joven Ian no estaba dispuesto a dejar sus huesos de forma intrascendente. Planeó y logró fugar. Sufrió hambre y heridas y finalmente llegó a la parte ocupada por los nazis. No esperaba clemencia de los alemanes, pero había escuchado que allí se formaban grupos polacos de resistencia.

Su conocimiento de lenguas y de países determinó que la resistencia polaca lo incorporase y le encomendara la temida e importante misión de correo.

Provisto de una extraordinaria memoria, tanto visual como de textos, cruzó líneas calientes, sin documentos comprometedores en el bolsillo, para trasmitir información secreta a los múltiples focos de la resistencia polaca y de éstos a los agentes del gobierno en el exilio.

En junio de 1940 cayó en una trampa de la que no pudo evadirse. Fue arrestado por la Gestapo de Eslovaquia y sometido a vejaciones. Temió que las torturas pudiesen arrancarle una confesión catastrófica y, pese a su catolicismo, intentó abrirse las venas con una hoja de afeitar disimulada en la suela de un zapato. Lo descubrieron y vendaron, porque era más útil vivo que muerto. La energía de Ian empezó a desinflarse con el acelerado deterioro de su salud. Antes de desbarrancarse en agonía fue rescatado mediante una acción de película y llevado a un lugar seguro donde podía recuperarse de las golpizas. Unos meses de cuidado le permitieron reanudar su tarea.

En los libros y declaraciones que realizó Ian Karski después de la guerra decía que fue apenas "un anónimo mensajero". Su modestia le impedía reconocer que cruzó barreras herméticas y letales a las que pocos se hubieran atrevido. Pese a su accionar solitario, ingresó en el despacho de los más encumbrados jefes de Europa y los Estados Unidos, así como en la intimidad de numerosos escritores y periodistas. "Mis credenciales eran las cicatrices y algunas condecoraciones militares", dijo.

Gracias a Ian Karski pudo saberse sobre la estructura del movimiento clandestino polaco, las relaciones entre organizaciones políticas y militares, los métodos de la resistencia, el funcionamiento de la prensa subterránea, las características de la opresión nazi. Finalmente, incorporó a sus informes la matanza de judíos, cuya sistematización y eficacia no tenía precedentes.

Se acostumbró a exponer en forma clara durante no más de veinte minutos. Y sólo dedicaba los minutos finales a la tragedia de los judíos. Esta última parte, empero, se convirtió en lo que calificaría "mi misión judía". Su inesperada "misión" apareció poco antes de escabullirse hacia Londres. Estaba dedicado a reunir mensajes y documentación falsa en la Polonia ocupada cuando le avisaron que los representantes de dos organizaciones judías clandestinas querían entrevistarlo. Karski pidió autorización para ese inesperado encuentro al jefe de la resistencia polaca, el gordo y viejo Cyril Ratajski, quien respondió: "Ian, usted *debe* ayudarlos".

Recibió a los desesperados dirigentes, con quienes mantuvo varias reuniones secretas. "Me dieron sus mensajes, ¡terribles mensajes!... Lo que sucedía no tenía paralelo. Los nazis habían decidido asesinar a toda la población judía del mundo."

Comprendió que no alcanzaba con transmitir informes de terceros ni ser ambiguo en un asunto tan grave. Le llevó una noche de insomnio tomar una decisión peligrosísima, casi suicida: ver la realidad con sus propios ojos. Cosió la estrella de David a su raído saco y se introdujo dos veces en el gueto de Varsovia. Era octubre de 1942. De las 600 mil víctimas que los nazis amontonaron al comienzo, sólo quedaban unas 50 mil; el resto había sido enviado a las cámaras de gas. Las escenas de espanto que iba registrando con los ojos ahítos de asombro no sólo confirmaron los informes, sino que lo impulsaron a visitar un campo de exterminio. Una locura.

No prestó atención a las alarmas del miedo e ingresó en la espeluznante Belzec. En sus memorias lo recuerda: "Yo vi Belzec. Estuve menos de una hora y fue suficiente. No lo pude soportar. Sufrí una suerte de quebrantamiento nervioso. Después que salí del campo vomité sangre".

Se sometió a los riesgos de un viaje largo, minado por trampas, en los que tuvo que apelar a sus reflejos y habilidad. Llegó por fin a Londres en forma secreta y se entrevistó con funcionarios polacos, ingleses y americanos. Después de hablar con el presidente del gobierno polaco en el exilio, en diciembre de 1942, éste, conmovido, se dirigió a los aliados para que advirtiesen a los alemanes sobre su responsabilidad por los crímenes. El presidente también mandó una carta al papa Pío XII, de quien nunca obtuvo respuesta: "A sus pies, Santo Padre, le imploro su urgente intervención en favor de los ciudadanos polacos, judíos y no judíos".

El ministro británico de Asuntos Extranjeros, Anthony Eden, replicó a cada una de las enfáticas demandas de Karski con terminantes "no"; ni siquiera permitiría el ingreso en Palestina de los refugiados judíos que a duras penas lograban huir del infierno. No importaba la suerte de los judíos en ese momento. Tampoco logró conmover al Gabinete de Guerra. En sus encuentros con escritores y periodistas obtuvo resultados variados, que iban desde las lágrimas hasta expresiones de indiferencia. H. G. Wells, por ejemplo, prefirió divagar sobre las causas del antisemitismo en vez de unirse a las imperativas medidas de rescate.

En 1943, luego del heroico levantamiento del gueto de Varsovia, Ian Karski fue enviado a los Estados Unidos. Allí desplegó una actividad enloquecida que lo llevó hasta el Salón Oval. El presidente Roosevelt lo retuvo durante cuatro horas, interesado por los problemas políticos que circulaban al otro lado de la frontera. Aunque le conmovió la tragedia de los judíos, Roosevelt no estaba dispuesto a distraer los esfuerzos de guerra: no destruiría los trenes que llevaban multitudes hacia el matadero, ni bombardearía los campos de exterminio.

Karski, indignado, se dirigió entonces a otros líderes, funcionarios, obispos y comunicadores, quienes le manifestaron simpatía, pero eligieron suponer que su informe exageraba. Hecho una furia, continuó su misión incomprendida.

"Después de la guerra —escribió— los líderes de Occidente manifestaron su horror por lo que había sucedido. Estas personalidades insistían en que habían *ignorado* las políticas genocidas del Tercer Reich. Semejante versión, sin embargo, es falsa. ¡Ellos sabían!"

Lo supieron gracias a este polaco, que en Jerusalén acaba de ser incluido en el sendero de los justos que inyectan dignidad y proveen salvación al universo.

26. El audaz bergamasco

El otro personaje ejemplar nació en Italia.

Lo imagino en el año 1943, contemplando el sol rojo que desciende sobre las aguas que bañan las costas de Estambul. Amaba ese mirador elevado, no distante del palacio Topkapi. Era un hombre de complexión robusta, que parecía fascinado con la maravilla del crepúsculo. Pero en su corazón no había placer, sino angustia. Entrecerraba los ojos para captar la lejanía y enviar su bendición a un frágil barco de refugiados que en ese momento escapaba de la persecución nazi y pretendía ingresar en la Palestina clausurada por el Reino Unido. Era cómplice de ese salvataje ilegal.

El mundo había soltado los buitres. Se perseguía y mataba con ligereza a millares de inocentes; algunos en forma manifiesta, otros hipócritamente. La razón racial era la más fuerte, absurda e indiscutible de las razones con las que se justificaba el odio. La psicosis se había instalado en millones de cabezas.

Recordaba ese hombre que, cuando llegó a Turquía a mediados de la década del 30 como Delegado Apostólico, no había imaginado que iba a convertirse en un motor de rescates y que sería reclamado hasta el agotamiento como la última esperanza de muchos. Ponía en riesgo su investidura con las exigencias de ayuda —a menudo subidas de tono— que solicitaba a los Nuncios de otros países, al secretario de Estado vaticano e incluso al Santo Padre.

Monseñor Angelo Giuseppe Roncalli había nacido en noviembre de 1881 en Sotto il Monte, cerca de Bérgamo, en una familia de labriegos rústicos. Ingresó al seminario durante su pubertad, se doctoró en teología y fue ordenado sacerdote en 1904. Continuó sus estudios con ahínco y trabajó nueve años en la secretaría del episcopado de Bérgamo, donde adquirió un conocimiento directo, lacerante, sobre las miserias sociales. En la Primera Guerra Mundial fue capellán. Más adelante fue convocado a Roma y luego enviado a Bulgaria como Visitador Apostólico. Allí se interesó por conocer a fondo las iglesias orientales, en contraste con la aséptica indiferencia de sus predecesores. Su novedoso desempeño provocó controversias, pero finalmente fue ascendido a Nuncio ante Grecia y Turquía, donde pasó los años de la Segunda Guerra Mundial. Allí protagonizaba su heroica tarea humanitaria.

¿Qué pasó después? En 1944 fue transferido a París y pocos años más adelante actuó como primer observador permanente de la Santa Sede ante la Unesco. En 1953 lo designaron cardenal y patriarca de Venecia, dignidad con la que esperaba poner término a su carrera.

Pero en 1958 ocurrió lo inesperado: fue elegido Papa. Adoptó el nombre de Juan XXIII en homenaje al más joven y querido de los apóstoles, y porque los papas de ese nombre tuvieron reinados cortos; él ya había cumplido 76 años de edad y no se hacía ilusiones. Tampoco quienes lo rodeaban, porque fue elegido como un Papa de transición, *Papa di passaggio*. Luego del aristocrático y firme reinado de Pío XII, las altas jerarquías de la Iglesia necesitaban mantener el *statu quo* hasta que pudieran decidirse en los brumosos temas críticos. Este anciano gordo y bueno daría tiempo.

Pero se equivocaron. En apenas un lustro refutó a quienes pensaban de esa forma. Este hombre de desembozada expresión frontal los arrastró de sorpresa en sorpresa. Ya en su primera alocución pública manifestó interés por los cristianos separados y proclamó su compromiso con la paz mundial. Antes de los tres meses conmovió a sus fieles poniendo en marcha los trabajos preliminares del Concilio Vaticano II. Firmó dos encíclicas que hicieron historia: *Mater et Magistra* y *Pacem in terris*. Hizo estallar el *aggiornamento* e inyectó en la inmovilizada Iglesia aires de renovación.

Es justo que ahora se lo admire por sus realizaciones como Papa. Pero es injusto que se ignoren sus méritos anteriores, los cuales explican su conducta revolucionaria. Antes de ascender al trono de San Pedro se fogueó en trabajos secretos y arriesgados. Fatigó lúgubres corredores que le enseñaron a ser expeditivo. Conoció a los hermanos separados y conoció de cerca de los judíos. A estos últimos los frecuentó en su culminante tragedia y pudo sentir en las vísceras el misterio de una historia milenaria, punteada por sacrificios y humillaciones sin fin. Por eso, llegada la oportunidad, fue quien abolió la vergonzosa, absurda y criminal acusación de deicidio e inauguró un diálogo que no cesa de enriquecerse.

Las acciones que Roncalli puso en marcha durante los

años del Holocausto son la parte menos celebrada de su biografía porque la luz de su papado fue tan intensa que apagó a las demás. Pese a su rango de Nuncio ante Grecia y Turquía, no se privó de mantener estrecho contacto con los líderes sionistas de Palestina. Intervino ante diversas personalidades para manifestar que consideraba justo el retorno de los judíos a su patria histórica y apoyaba la independencia de un Estado judío como deber moral.

Aunque en Grecia y Turquía se ocupaba de las relaciones diplomáticas oficiales del Vaticano, no descuidó a las víctimas que aparecían por todas partes. En su libro *Men in Dark Times*, Hannah Arendt relata que al estallar la guerra el embajador alemán Franz von Pappen solicitó a Roncalli que interviniese ante Roma para que la Santa Sede brindara un apoyo explícito a Hitler. La cortante y asombrosa respuesta del Nuncio fue: "¿Y qué debo decir sobre los millones de judíos que sus compatriotas están asesinando en Polonia y Alemania?".

En 1940 recibió a refugiados polacos que le informaron sobre lo que estaba ocurriendo en su patria; tomó nota y enseguida ayudó a que un grupo numeroso viajase a Tierra Santa. Se interesó por los judíos de Francia y pidió la intervención del Nuncio en ese país. Se esmeró por rescatar 20 mil judíos de Eslovaquia bajo peligro de deportación a los campos de la muerte. Intervino en Croacia. Se dirigió al rey Boris de Bulgaria para rogarle que brindase clemencia a los judíos búlgaros, que estaban amenazados. Rogó la intervención del Vaticano a favor de 5 mil judíos alemanes que tenían visas de inmigración a Palestina. En 1943 se ocupó de los judíos de Italia septentrional, a los que consideraba sus paisanos. Pidió el compromiso del Nuncio en Rumania para impedir la tragedia de los judíos radicados allí y, personalmente, rescató cientos de huérfanos. Consiguió, además, que el gobierno rumano permitiese la salida de un barco fletado por Turquía rumbo a Palestina con 1.500 perseguidos. Se involucró en Hungría apenas comenzada la ocupación nazi.

A esa actividad febril se deben agregar dos iniciativas extraordinarias. Una es el envío de miles de "certificados de inmigración" a Palestina al arzobispo Angelo Rotta de Budapest, por medio del correo secreto del Vaticano. Con ese instrumento pudo salvar incontables vidas. Eran pasaportes o certificados de nacionalidad expedidos por países neutrales, a menudo latinoamericanos, que nobles diplomáticos entregaban en forma gratuita o que eran comprados a funcionarios consulares corruptos.

La segunda iniciativa fueron unos certificados de curioso nombre: "bautismo de conveniencia". Era un audaz invento de Roncalli que orillaba la ilegalidad del derecho canónico. Pero para ese sacerdote de principios claros no había límites cuando había que socorrer gente condenada al exterminio. Millares de niños, mujeres y varones, se sometieron a ceremonias de bautismo que no los comprometían definitivamente, pero que ciertos líderes nazis, en sus arbitrarias construcciones teóricas, reconocían como una credencial que permitía salir del país.

Años después, cuando Papa, recibió a representantes de las comunidades judías del mundo. Descendió del trono con los brazos extendidos y reprodujo una de las escenas más conmovedoras de la Biblia. Con lágrimas exclamó: "¡Yo soy José, vuestro hermano!".

En agosto del año 1961 tuve la fortuna de conocerlo personalmente. Participaba en un Congreso Mundial de Neurología en Roma, cuando me incluyeron en la reducida delegación que lo visitaría en su residencia de Castelgandolfo. Yo provenía de la mediterránea Córdoba, donde entonces la jerarquía eclesiástica respondía a esquemas arcaicos e intolerantes. Cuando lo vi aparecer y escuché su voz campechana, temblé de emoción. Mi emoción aumentó cuando el pontífice descendió de su trono para saludar a cada uno y conversar con humor y afecto. Advertí que prestaba más atención a quienes no éramos católicos, lo cual constituía una novedad. Ese contacto, sumado a los teólogos que conocí en Alemania, prendieron la necesidad de escribir *La Cruz invertida*.

Al inaugurar el Concilio Vaticano II —donde se discutieron muchos de los documentos que me adelantaron esos teólogos alemanes—, pese a que aún no existían relaciones diplomáticas con el Estado de Israel, ordenó que la bandera de ese país flameara en la plaza de San Pedro junto a las demás naciones del mundo. Al fin de cuentas, había contribuido a salvar a muchos de sus ciudadanos y celebró su justa independencia.

En Giuseppe Roncalli había inspiración profética. Exorcizaba el odio y elevaba la visión de los humanos.

27. El júbilo de perdonar

La muerte de Juan XXIII, "el papa bueno", fue seguida por un inevitable conflicto entre las tendencias más audaces, que anhelaban ir todavía más lejos, y los robustos guardianes del área conservadora. La Iglesia era una pesada nave que había logrado sobreponerse a muchas tormentas, pero ahora ella misma era tormenta. Paulo VI fue una combinación de los dos papados anteriores: por un lado reproducía al distante Pío XII, del que fue Secretario de Estado; por otro lado se manifestaba continuador de Juan XXIII.

En la finalización del segundo milenio ya estaba en la cumbre de su gestión Juan Pablo II, que agregaba la peculiaridad de ser un polaco que había padecido en carne propia a nazis y comunistas. Decidió convertir el acontecimiento en una oportunidad providencial. Apeló a la palabra "jubileo", que desde los comienzos bíblicos se asocia con la alegría y la reconciliación. Era el momento de volver a instalarse en la vanguardia de los esfuerzos por la armonía universal, el fin de las discriminaciones y de muchas otras inequidades.

Juan Pablo II comenzó a insistir en que los discípulos de Jesús debían limpiarse de los pecados cometidos durante siglos. Eran un lastre que los descalificaba, confundía e impedía comportarse de acuerdo a los preceptos. Las reformas desencadenadas por el Concilio Vaticano II cuarenta años antes requerían acciones nuevas. De lo contrario marchitarían.

Reconoció que durante un tiempo demasiado largo la Iglesia marchó a la saga de la historia. Hasta su doctrina social, que se remonta a la Biblia y fue proclamada por León XIII, vino con tardanza y fue cerrilmente resistida por los sectores ultramontanos de adentro y de afuera.

Era evidente que desde el Concilio inaugurado en 1962 había corrido mucha agua bajo los puentes. Hubo importantes acomodamientos eclesiásticos, algunos poco edificantes. Los debates fueron ricos, prolongados, y también desgastantes o malintencionados. Pero las últimas decisiones del papado, aunque también ajustadas a compromisos, inyectaban a la milenaria institución una energía que no se registraba desde los años 60, cuando puso en marcha su *aggiornamento*. Pese a su conservadurismo en materia canónica, Juan Pablo II decidió avanzar hacia un territorio que no hollaron sus antecesores: pedir perdón.

Era una novedad que asustó a muchos, porque hasta ese momento la Iglesia había lucido un perfil arrogante. Su gesto impulsaba un cambio inédito. Más aún, porque no pretendía limitarse a una formalidad, sino revertir su imagen de soberbia, justamente. Por eso realizó el pedido de perdón de modo solemne y comprometido, con densos respaldos de la teología. Causó estremecimiento. Y se explica.

Pedir perdón no son sólo palabras: repercute por lo menos en tres aspectos. Primero, identifica como error lo que antes se idealizaba o toleraba (Cruzadas, Inquisición, antisemitismo, discriminación de la mujer). Segundo, doblega la arrogancia que durante siglos prevaleció entre los dignatarios eclesiásticos. Tercero, facilita el diálogo con quienes fueron ofendidos.

Los católicos y no católicos que no reconocen la grandeza de ese gesto deben recordar que se asocia, precisamente, al término *jubileo*. Es decir, el retorno a la pureza inicial, al cristianismo de los orígenes, íntimamente ligado con la voz de los profetas. Es el tiempo a la vez remoto y vivo en que la Iglesia era una simple pero intensa hermandad que privilegiaba el amor sobre el odio, la solidaridad sobre el egoísmo y la modestia sobre el orgullo.

Juan Pablo II formuló su pedido de perdón mientras luchaba contra la acelerada decadencia de su cuerpo, como alguien que no se resigna a terminar su ciclo sin haber consolidado entre los fieles el espíritu de respeto que se inició en el Concilio inaugurado por el revolucionario Juan XXIII.

El desprestigiado Episcopado argentino sintió en ese instante el deber de expedirse. Digo "desprestigiado" porque durante la última dictadura permitió que varios de sus miembros fuesen insensibles y hasta cómplices de delitos aberrantes. También, porque antes y después de la dictadura no tuvo el coraje de hablar en favor de la justicia y la democracia, sino que optó por un lenguaje elíptico, aguado, desprovisto de consecuencias. A mediados de los años ochenta había comenzado a modificarse por imperio de una realidad que lo superaba y sus integrantes más lúcidos fueron ganando espacio. Abrieron ojos y oídos a las aflicciones sociales y se mostraron dispuestos a sostener un diálogo franco con todos los sectores.

El pedido de perdón del Papa era una buena oportunidad para exhibir el nuevo rostro. Y el Episcopado avanzó un paso sin precedentes. Su documento oficial, inspirado en el pedido de perdón vaticano, contrasta con muchos anteriores. Ya no era una secuencia de inaccesibles parrafadas. Así como el Papa identificó siete pecados, entre los cuales incluía el antisemitismo, los obispos de la Argentina no sólo reconocieron las atrocidades del Holocausto, sino que mencionaron los atentados contra la embajada de Israel y la AMIA perpetrados en Buenos Aires por el terrorismo fundamentalista.

No obstante, ese buen paso puede quedar inmovilizado en la pura formalidad. Si no se traduce en acciones que bajen a las parroquias y las escuelas, si no se manifiesta de un modo sistemático sobre las multitudes llenas de prejuicios, entonces el pedido de perdón quedará como una hipocresía más. Recordemos la carta enviada por Pío XI a los católicos alemanes, poco antes de estallar la guerra, y cuyo título resuena hasta el presente con dramática intensidad: *Mit brennender Sorge* ("Con quemante preocupación"). Ese bravo documento apenas fue leído —a menudo en voz baja— y no contribuyó a evitar la catástrofe. Cumplió un rol formal, pero no salvó una sola vida.

En una mesa redonda me preguntaron si el pedido de perdón formulado por la Iglesia no debía ser correspondido por las otras denominaciones religiosas. Antes de que yo pudiese contestar, lo hizo el doctor Norberto Padilla, entonces secretario de Culto de la Nación. Dijo que hablaba como católico, no como funcionario. Y que en su calidad de católico apreciaba la actitud del Vaticano como un esfuerzo destinado en primer lugar a la elevación espiritual de sus propios fieles. Ese gesto imprimía coherencia a la doctrina y calidad ética a la institución. El pedido de perdón —dijo— no fue hecho como parte de un toma y daca, porque sería degradarlo.

28. Hacia el diálogo

Cada orden cultural organiza sus diferencias internas, que nunca faltan. Y los matices pueden agotar las enumeraciones. Las diferencias, además, no siempre involucran conflictos graves. Por el contrario, abolirlas no sólo empobrece, sino que estimula la erupción de la violencia. Es una paradoja. Las diferencias son saludables.

Según René Girard, no son las diferencias sino su borramiento forzoso lo que provoca una insana oposición, la lucha a muerte entre los miembros de una misma familia o una misma sociedad, la irrupción del odio. Esa tesis choca con los permanentes esfuerzos —tan ingenuos y altruistas— por eliminar los colores que iluminan a los seres humanos, incluso los que pertenecen al mismo país, la misma ciudad, el mismo club, la misma familia. ¿No es absurdo? Borrar los colores es propio de los regímenes totalitarios o fundamentalistas; nos recuerda a Hitler, Stalin, Mao, Pol Pot, Khomeini, los talibanes, los calvinistas del siglo XVI y quienes sueñan con restablecerlos. Como dice Norberto

Bobbio, la democracia se funda sobre la simultánea presencia del disenso y el consenso, "o más precisamente, sobre un consenso que no excluya al disenso y sobre un disenso que no haga vano el consenso".

Aquello que el mundo debería superar no es el color de la piel, la morfología de los rasgos, las tradiciones culturales, la fe, las ideologías, la identidad sexual, sino las *injustas marginaciones* que se realizan por motivos tan mezquinos como, precisamente, la sexualidad, las creencias, el color de la piel, la nacionalidad y otros ítem. Los antiguos usaban la palabra "extranjeros"; ahora decimos "diferentes". El maravilloso objetivo a conseguir es que todos los seres humanos seamos de veras iguales ante la ley, gocemos de idénticas oportunidades y nos permitan estar en condiciones de competir con lo mejor de cada uno. Pero no a costa de sacrificar rasgos específicos.

Girard apela a conceptos antropológicos y sociológicos. En una familia y una sociedad cada uno es dueño de una singularidad que se manifiesta a través de características y roles valiosos en sí. Aunque parezca obvio, se olvida que no es lo mismo el médico que el paciente, el maestro que el alumno, el juez que el fiscal o el defensor que el reo. El orden cultural se basa en la legitimidad de estas diferencias y en su aceitada fisiología.

Las diferencias enaltecen cuando son cultivadas, aceptadas y valoradas. En suma, cuando se las respeta. El diálogo entre personas de diferentes filiaciones, ideas y formación es siempre posible, a condición de que exista la curiosidad por el otro. He dicho curiosidad, no ganas de dominarlo y convertirlo. La prevención, que traba con biombos la comunicación, deriva precisamente de ese miedo. Miedo que encrespa la guardia y achicharra la apertura, incrementa la cerrazón y desalienta la confianza. La curiosidad no hace desaparecer las diferencias, pero en lugar de electrizar la discordia, convierte los contrastes en objetos de análisis y hasta de gozo.

El diálogo no se reduce a un intercambio de información o de opiniones. Si esa información y esas opiniones no son recibidas por la otra parte con interés, en vez de diálogo hay peloteo de monólogos. Esa forma de comunicarse no sólo es estéril, sino agresiva. Y es lamentable que se reitere en casi todos los campos de la actividad humana: en la pareja, entre socios, en la relación generacional, entre políticos y economistas, entre los artistas y los científicos, entre educadores y educandos.

Los seres humanos podemos escucharnos, entendernos y hasta coincidir pese a que nuestras vidas, formación y lealtades tengan anclajes diversos. Cada uno necesita vinculación con el prójimo, de lo contrario muere. Muere como una planta encerrada en una campana.

Un espacio particularmente hostil al diálogo ha sido el de la religión, cuando aspiraba (muchos aún aspiran) a imponerse sobre otras creencias. Los encuentros y debates que registra la historia, aunque hayan sido organizados con aparente buena voluntad, tenían el objeto de vencer al oponente. El juego no era limpio. Se ignoraba que la fe planea por un andarivel donde no cabe una estricta racionalidad y, por lo tanto, es bastante impermeable a los criterios lógicos. En la religión no se cuestionan los dogmas. Son el inconmovible piso liminar.

Contrariamente a lo que se presagiaba a principios del siglo XX, las religiones no han desaparecido. En aquellos años se suponía que el acelerado desarrollo de las ciencias y la madurez psíquica de la humanidad cancelarían la etapa de las creencias. Sólo se respetaría aquello sometido a las pruebas de la verificación, contrastación o experimentación. Pero a comienzos del siglo XX no se sospechaba que las ciencias, al avanzar, multiplicarían los interrogantes y, a ritmo de vértigo, agregarían espacios inexplorados. La arrogancia de entonces debió ceder ante una creciente modestia. El progreso ha sido arrollador y promete continuar acelerado, la ciencia ha provisto novedades en cantidad y calidad, pero los descubrimientos y las invenciones están lejos de agotarse. Más sabemos, y más conciencia adquirimos de cuán poco sabemos aún. Es claro que ni el desarrollo de la ciencia ni el avance tecnológico terminaron con el hambre ni con las injusticias, como se creía que iba a suceder; tampoco se instaló la armonía en la Tierra. Se había atribuido al conocimiento humano el poder de la magia: iba a proveer la solución instantánea, fácil, de todos los conflictos y carencias.

Cuán aplastante hubiera sido la sorpresa de un positivista de comienzos del siglo XX si, al mismo tiempo que se enteraba de los deslumbrantes progresos científicos, advertía que millones de personas continuaban siendo religiosas cien años después. Habría estado a punto de desvanecerse si además tomaba conciencia de que no sólo había denominaciones religiosas fuertes, sino un fundamentalismo religioso que parecía emerger de la más oscura Edad Media. ¿Cómo? —exclamaría atónito—, ¿tanto ha progresado la ciencia y tan vigorosas siguen las primitivas religiones?

La ciencia no pudo, aún —diría para consolarse—. ¿Cuánto tiempo le llevará conseguirlo?

Pero la ciencia informa ahora sin pudibundez que existen áreas oscuras, y que esas áreas son infinitas. Quienes tienen fe se abroquelan a este concepto, pues les permite exhibir un apoyo de la tan elogiada razón. Los científicos opinan que muchas de esas áreas serán descifradas, pero es evidente que surgirán otros misterios. Nunca se podrá dominar todo, y ahí reside la maravillosa aventura de la investigación. La fe, en cambio, ofrece reposo, menos incertidumbre, más consuelo.

Los seres humanos necesitamos acotar el padecimiento de la incertidumbre y por eso buscamos respuestas que tranquilicen. Y hasta el más pintado suele hacer trampa. Nadie es creyente por decisión racional, sino emotiva. El niño que cada ser humano lleva dentro de su sangre no puede prescindir de abrigos. Hasta ahora no se han conseguido muchos, pero son potentes: la religión, el arte, los afectos.

29. El papel de la religión

No puedo excluir un punto que difícilmente se le habría ocurrido al positivista de principios del siglo XX: el rol que actualmente deben cumplir las religiones, ya que se mantienen lozanas y orientan a la mayor parte del género humano.

Hay unos pocos países donde las franjas seculares son muy extensas y dominantes. Hay otros donde sucede lo contrario. Y hay, por fin, países con democracias maduras donde la fe integra el repertorio de los derechos individuales. En estos últimos ha dejado de ser un tema conflictivo.

Desde la Antigüedad las religiones estuvieron vinculadas con la ética. El monoteísmo desarrolló el concepto de un Dios moral, y remonta el establecimiento de semejante característica a los dramáticos episodios ocurridos al pie del monte Sinaí, contados por el *Éxodo* con una calidad literaria escalofriante. A partir de entonces cada líder religioso debe tener presente que el cuidado de su redil se refiere en primer término al orden moral. Debe facilitar el flujo del amor, por supuesto, pero sin olvidarse que es más efectivo cuando reina la equidad. Es obvio que cada líder religioso debe, además, exhibirse como ejemplo. Igual que un niño ante su padre, la feligresía es más receptiva al modelo del pastor que a sus palabras. Durante siglos se ha intentado develar por qué Moisés, que fue tan meritorio y obediente de Dios, fue castigado al final de su vida por una causa insignificante. El Talmud ofrece una larga discusión y concluye que su pecado menor mereció un castigo extremo porque él era el líder, él era el hombre que debía derramar el ejemplo. La falta de un líder no es la de cualquier otro, sino que puede ascender al infinito.

El líder religioso no puede limitarse al sermón o las afirmaciones apodícticas, sino manifestarse disponible para el buen ejemplo y un buen diálogo con quien sea. Su misión carecería de grandeza si se limitase a convencer a los convencidos, repetir rituales que espontáneamente se repiten y dar consejos triviales, sin compromiso personal. La vocación que lo habita exige el riesgo de abrirse, escuchar, ser curioso y tender puentes, sin miedo a que lo calumnien de traidor. Animarse a ello es tener segura la fe. En cambio un hombre de poca fe es peligroso, porque tiende al fanatismo (para disimular su debilidad): percibe que las objeciones pueden fracturar el andamiaje que lo sostiene. Las opiniones diferentes lo llevan a obturarse los oídos y, cuando puede, a silenciar las voces que lo inquietan.

Después de la caída del Muro de Berlín, tras unas semanas de dicha que prometían avances hacia mayores cuotas de armonía y libertad, se produjo una regresión hacia la xenofobia y el fundamentalismo. Creció el desamparo en vastas regiones del planeta. Las multitudes extraviadas por el vacío ideológico trataron de encontrar pertenencia y consuelo en unas pocas verdades, convertidas en rocas de las que se puede uno agarrar. Era una neurótica forma de conseguir la autoafirmación ante el naufragio. El mundo no está en condiciones de prescindir de consuelos, ahora menos que nunca, porque se evanescieron los que servían en el pasado (la función casi religiosa de las ideologías).

La humanidad es frágil. Su mayoría se orienta hacia la mano que parece amiga y proveedora. Por eso se expandió el fundamentalismo, que atrae con sus falsas promesas de heroísmo, orgullo, poder, disciplina y la caudalosa bendición del cielo. El fundamentalismo provee estructura. En España leí el reportaje a una mujer de Andalucía que acababa de convertirse al Islam. Fue respondiendo a las incómodas preguntas con bastante lucidez. Reconocía no importarle dejar de comer cerdo ni privarse del vino; aceptaba cubrirse la cabeza y le parecían llevaderos los rituales. Pero cuando el periodista quiso mostrarle las contradicciones entre su vida, sus afectos y costumbres, ella le espetó una sorprendente revelación. Mirándolo a los ojos, exclamó: "¡Yo me convertí al Islam porque quiero órdenes claras!".

En el mundo aumentó la desorientación en torno a los valores. Del relativismo cultural se pasó a la justificación de aberraciones, como los homicidas-suicidas, y una redoblada discriminación de la mujer. Los fanatismos revelan orfandad e ignorancia, ante los cuales el sector esclarecido y racional se siente impotente, porque le daría culpa atacarlos. Los ayatolás de cualquier denominación que se instalan como dueños de la verdad son irresponsables, crueles y prometen recompensas milagrosas. Su tenebrosa hipnosis enajena multitudes.

El judaísmo, el cristianismo y el Islam, en ese orden cronológico, afirman que un solo Dios es padre de los seres humanos y que la totalidad del género deriva de una sola pareja. Al margen de consideraciones míticas, esa columna metafórica es central para descalificar las perfidias derivadas del odio, el prejuicio, las matanzas y la discriminación. Debería crecer la modestia de los creyentes, bajo el estímulo incesante de sus líderes, para reconocer que la creencia en un Dios todopoderoso implica aceptar la impotencia humana para entender el porqué de las diferencias que existen en el mundo y que tanto irritan a los fanáticos. Debería suponer que quizás haya sido Su voluntad favorecer las diferencias, en contra de lo que suponen los fundamentalistas, para dotar de mayor brillo la aventura del hombre.

Pero no olvidemos que los beneficios éticos y espirituales de la religión se pierden en cuanto caen bajo el control de las teocracias. El poder político no es ético ni espiritual. Es preciso insistir en que el buen desempeño de la religión sólo se da en los Estados laicos. Que ya es hora de escuchar la milenariamente rechazada indicación de Jesús: "Dad al César lo que es del César y a Dios lo que es de Dios".

30. Una experiencia inolvidable

El diálogo interreligioso —destinado a superar el odio interreligioso— se ha convertido en una novedad esperanzadora. Cobró inesperada jerarquía en el Concilio Vaticano II y ya extiende su bendición por los cinco continentes. Con resultados variados, por supuesto.

No dije que haya comenzado con el Concilio, sino que obtuvo impulso. Desde la Antigüedad ha existido el diálogo interreligioso —escaso, clandestino, desconfiado— y en ocasiones produjo frutos de trascendencia. Baste recordar las prolongadas conversaciones mantenidas por san Jerónimo con varios rabinos mientras traducía la Biblia, o el intercambio de libros y doctrinas entre sabios de la Antigüedad y el naciente cristianismo. Una época sin paralelo fue la convivencia de las tres culturas en Al Andaluz, bajo un apacible dominio musulmán.

Pero el diálogo era visto como una trasgresión; en consecuencia, no podía ser permanente ni demasiado abierto. Se corría el peligro de caer en las tentaciones del mal, convertirse en un traidor. No se elogiaron las conversaciones de san Jerónimo ni tampoco los intercambios teológicos en el siglo de la Reforma. La norma era que el infiel nunca debía ser escuchado, sino convertido.

Hace unos años me hicieron una propuesta: que dialogase sobre temas de actualidad con alguien de consistencia parecida, pero diferente en sus pensamientos, con el fin de publicarlo en un libro. No interesaba un largo reportaje, sino una discusión animada. Me ofrecieron el privilegio de elegir a mi interlocutor. Para facilitar la tarea, pusieron delante de mis ojos una lista con las personalidades más interesantes del momento. Dije que me estaban sobrevalorando, porque no creía que a muchos de ellos les agradase tenerme de interlocutor válido. Casi al final apareció el nombre del obispo Justo Laguna, con quien me había cruzado en algunos estudios de TV. Su postura era provocativa y democrática, y no rehuía severos enfrentamientos públicos. Me pareció que resultaba más tentador —por lo insólito— debatir con él. Aunque no tenía esperanzas de que fuese a aceptar debido a nuestra vida, identidad y formación tan diferentes. Lo consultaron y monseñor Laguna aceptó feliz.

La editorial arregló un encuentro y analizamos el desafío. Teníamos muchos colores en contraste, era obvio que nos separaban experiencias, visión, filosofía. Ni nos conocíamos casi.

Empezamos nuestro trabajo con un grabador en el centro de la mesa; el editor Diego Mileo actuó como provocador y testigo. Ambos estábamos nerviosos, con la guardia alta. Nos frenaban prevenciones que venían del fondo de nuestras experiencias. Pero ardía algo más poderoso: la recíproca curiosidad. Como señalé hace unas páginas, la curiosidad es el mejor instrumento de un diálogo genuino. Cada uno tenía ganas de saber qué pensaba y sentía el sujeto sentado enfrente. Yo había estudiado las religiones y en especial el catolicismo; él conocía mucho del universo secular y también de judaísmo. Para ambos resultaba excitante confrontar conocimientos y, a partir de ellos, echar una descarnada mirada sobre el mundo que nos tocaba vivir. Empezamos a hablar. Al principio con cuidado, después más sueltos. Sin haberlo explicitado, queríamos saber qué opinábamos y sentíamos desde nuestra interioridad, al margen de teorías y preconceptos.

En la segunda sesión ya pudimos distendernos e inclusive gastar bromas. En la tercera notamos que comenzaba a ligarnos el afecto. En contra de lo que habíamos imaginado, aparecían muchas coincidencias y las diferencias —algunas penosas, porque golpeaban sus lealtades de ministro religioso— no fueron tomadas como agresión, sino como lo que eran en realidad: diferencias. Diferencias en un mar de coincidencias. Diferencias que marcaban contrastes y enriquecían nuestros puntos de vista. Diferencias que no se iban a borrar, pero quedaban señaladas como tarea de futuras reflexiones. Diferencias que no alteraron nuestra creciente amistad y, por el contrario, la dotaban de riqueza.

Sería presuntuoso afirmar que la obra que emergió de esas sesiones tenía luz. Pero no hay duda de que era iluminadora. Se adelantó en unos meses al libro que publicaron Umberto Eco y el obispo de Milán, que reunía el intercambio de sus epístolas.

Con monseñor Laguna no hubo epístolas, sino que hablamos mirándonos a los ojos, escuchándonos la voz, registrando las hesitaciones y las certezas. Considero que nuestro diálogo fue más intenso y desnudo a medida que hacíamos camino al andar. No nos dábamos tiempo para burilar las frases, sino que hasta podíamos percibir cómo se iban armando después de lanzadas. El éxito de la obra, por fin, no se debió a la inteligencia de las ideas y concepciones vertidas —suponemos ambos—, sino a la sinceridad del diálogo. Desde el comienzo al fin se percibe la franqueza con que dejábamos volar nuestros pensamientos.

A ese libro siguió otro y después un tercero.

Nos alegraba descubrir que habíamos podido internarnos hasta la maravilla de pensar al otro como el otro se piensa a sí mismo. Ésa era una modificación copernicana de la forma de discutir. Antes se observaba e interpretaba al otro desde el arrogante atalaya personal, y era imposible excluir los prejuicios y las fallas de percepción. El nuevo método, en cambio, comenzaba a utilizarse en los arduos diálogos interreligiosos de gente erudita, en países libres, cuya pasión consistía en entender perfectamente al otro, desde el punto de vista del otro, no de uno. Constituye el puente más meritorio hacia una genuina confraternidad y el mejor camino para desbrozar las malezas del odio y la deformación de conceptos.

Epílogo

La sonda espacial Voyager lleva a bordo una minuciosa imagen del ADN humano, sustancia esencial en la estructura cromosómica, que es idéntica en todos los hombres y mujeres, sin distinción. Es la fotografía más elocuente sobre nuestros rasgos, y viaja hacia la profundidad del abismo para que alguna vez, si hay vida extraterrestre, nuestros vecinos siderales puedan tener una noticia exacta sobre quiénes somos. También hay música y otros elementos que puedan dar cuenta de nuestra civilización.

Pero, ¿llegarán a saber de nuestras pulsiones y angustias? ¿O de las enrevesadas maniobras que emprendemos para sentirnos mejor? ¿Cómo explicarles que el amor y el odio nos tejen y destejen sin cesar? ¿Podrán intuir los esfuerzos que hacemos para que aumente la sensatez mientras la irracionalidad, también generada por nosotros, nos torpedea?

El hombre demuestra una y otra vez que la cultura arduamente elaborada no alcanza para abortar impulsos destructivos que superan a los que también circulan entre los demás animales. El hombre, con sus depredaciones, se manifiesta como una suerte de discordia cósmica singular que, para colmo de los colmos, se enorgullece de sus triunfos aberrantes. Su criminalidad se expresa en el uso maléfico de la tecnología: armas de destrucción masiva, campos de concentración, esterilización del planeta, avasallamiento de la biosfera. Emil Cioran opina que frente a tanto odio deberíamos bajar nuestra arrogancia para vernos como nos ven nuestras víctimas, tanto humanas como vegetales y animales. Enrique Valiente Noailles lo glosa al afirmar que para el filósofo rumano-francés "el hombre es el gran tránsfuga del ser, aquel que desertó de sus orígenes al canjear la eternidad por el devenir, aquel que desde Adán demostró su incapacidad para la dicha". Y que abandona las rutas del amor para caer en las nefandas banquinas del odio. Aunque, es cierto, no deja de cultivar las excelsas rutas con éxito colosal: el arte en todas sus manifestaciones, la solidaridad, el altruismo, el cuidado de las personas y objetos que son próximos en el espacio o el corazón, los ideales que anhelan construir un mundo más justo y feliz.

Por eso en África, en Medio Oriente, en América latina, y también en Europa y el resto del planeta, debería machacarse que el odio no es bueno para nadie, que es el veneno de la existencia. Sus redes estrangulan y terminan asfixiando a quienes las arrojan contra los demás, aunque parezca que lo hacen por razones justificadas. El odio aúlla, rechina, destruye, rechaza, altera, confunde, miente.

Recordemos que mientras el amor brinda alegría, el odio sume en la tristeza. Que el amor alienta a vivir y disfrutar, en tanto el odio abruma con sus tambores de muerte. El amor atrae y el odio rechaza. El amor tranquiliza y el odio exaspera. El amor canta y el odio gruñe. El amor edifica y el odio sólo sabe demoler. El amor siembra y el odio desertifica. El amor consuela y el odio empuja hacia la desesperación. El amor es dulce y el odio jamás se desprende de la amargura que emponzoña su esencia. El amor es luminoso y el odio es lúgubre. El amor es amigable y el odio es altanero.

En suma, quien cultiva el odio está encerrado en una mazmorra sin alegría ni brillo, de la cual sólo podrá emerger cuando se abrace, con fuerza, a los hermosos dedos del amor. Es una verdad de Perogrullo, como las verdades más sólidas. Omar Khayyam, en una de sus inmortales *Rubaiyyat* nos confió:

"¡Qué débil es el hombre!¡Qué ineluctable es el destino!

"Nos hacemos juramentos que no mantenemos y nuestra vergüenza nos deja indiferentes.

"Yo mismo actúo a veces como un insensato.

"Pero tengo la excusa de estar ebrio de amor".

Índice